TLEMCEN

ET SA RÉGION

LIVRET-GUIDE

publié par

[SY]NDICAT D'INITIATIVE DE TLEMCEN

— 1921 —

Imp.-Phot. A. THIRIAT & Cie - Toulouse

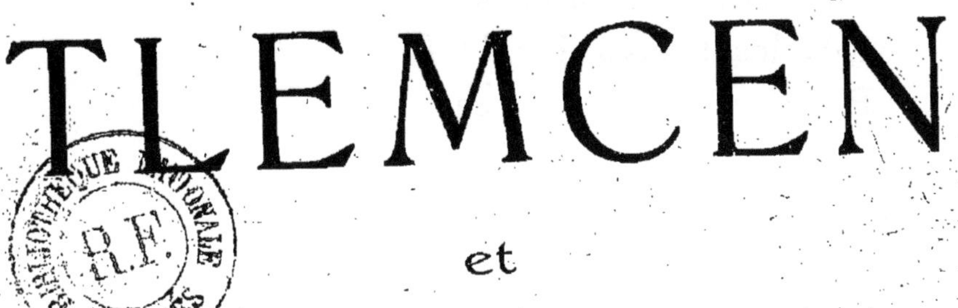

TLEMCEN

et

SA RÉGION

Livret-Guide

publié par

LE SYNDICAT D'INITIATIVE DE TLEMCEN

Imp. A. THIRIAT - Toulouse — 1921

La plupart des photos de ce livret sont dues au talent de MM. les Frères JOUVE Photographes à Tlemcen *qui les ont données généreusement au Syndicat d'initiative.*

Syndicat d'Initiative de Tlemcen et de la Région

SIÈGE SOCIAL

MUSÉE DE TLEMCEN (Place d'Alger)

(FONDÉ EN 1919)

Comité de 1919-21

Président : M. *Bel*.
Vice-Présidents : MM. *Havard* et *Bouty*.
Secrétaire général : M. *Soulé-Tholy*.
Secrétaire adjoint : M. *Brixi Ben Aouda*.
Trésorier : M. *Cardonne*.
Administrateurs : MM. *André, Abeilhé, Blanc, Bonnet. Benichou Menahim, Ben Kalfate Raoutsi, Cohen (Joseph), Desbonnet, Escale, Fages, Ferrié, Godiot, Jouve, Ladoué, Marc, Pierre, Pinaud, Rostane, Spehner, Salessy, Sabatier, Mansouri Mohammed, Thesmar* et *Vernet*.

Le Syndicat d'initiative de Tlemcen et de la région, dont la fondation remonte au mois d'avril 1919, est institué dans le but d'étudier les mesures qui peuvent tendre à augmenter d'une manière générale la prospérité de Tlemcen et de la région et d'en poursuivre la réalisation. Il s'efforce notamment d'organiser la région au point de vue touristique; d'y attirer les étrangers; de leur rendre le séjour agréable et facile et, d'autre part, de mettre en relief, dans l'intérêt du commerce, de l'industrie et de l'agriculture, toutes les richesses du pays.

Le **Siège social** du Syndicat et le **Bureau de renseignements gratuits** sont au **Musée de Tlemcen**, place d'Alger *(Bureau ouvert de 8 h. 1/2 à 11 h. et de 2 à 5 h.).*

Comment on vient à Tlemcen?

Les renseignements ci-dessous sont donnés à titre d'indication. A la date où paraît ce guide, les horaires sont exposés à être l'objet de sérieuses modifications.

1. De PARIS à TLEMCEN

A. - Par *Marseille-Oran*

Chemin de fer : P.-L.-M., 863 kil. de Paris à Marseille.

Bateau: 1100 kil. de Marseille à Oran. *Compagnie Générale Transatlantique* (deux services rapides par semaine). *Société de Transports maritimes* (un service rapide hebdomadaire). *Compagnie de navigation mixte* (un service hebdomadaire). Traversée en 40 heures environ.

Chemin de fer : O.-A., 190 kil. d'Oran à Tlemcen, en 6 heures.

Nota. - Pour aller à Tlemcen, d'Oran, en automobile, deux routes s'offrent au voyageur : l'une (180 kil.) passant par Bel-Abbès, le long de la ligne de chemin de fer; l'autre (140 kil.) par la plaine de la Sebkha, d'Oran, Aïn-Témouchent et Pont-de-l'Isser.

B. - Par *Port-Vendres-Oran.*

Chemin de fer : P.-O. ou P.-L.-M. et Midi : de Paris à Port-Vendres, 964 kil. par Orléans, Toulouse et Narbonne — 1063 kil. par Lyon, Tarascon, Cette, Narbonne.

Bateau : 960 kil. *Compagnie de Navigation mixte* (Touache) (un service hebdomadaire).

Chemin de fer : Comme ci-dessus 1, A.

2. De CASABLANCA et FEZ à TLEMCEN

Le trajet demande un minimum de 4 jours.

a) *Casablanca-Rabat-Fez* en chemin de fer (2 j. et demi) ou *en automotrice* (1 j. et demi).

Fez-Taza : Auto ou camion-automobile, parcours en 5 heures ; un chemin de fer à voie étroite permettra d'effectuer le trajet dans des conditions plus économiques, mais moins rapides.

Taza-Oudjda : Chemin de fer à voie étroite, en 2 jours par les trains ordinaires, en 1 jour par l'automotrice.

Oudjda-Tlemcen par chemin de fer à voie normale en 3 heures.

Nota. - Le trajet de Casablanca-Oran, par mer, est assuré par les services suivants :

a) *Compagnie Générale Transatlantique* (2 services bi-mensuels) ;

b) *Compagnie de Navigation Paquet* (4 services mensuels).

3. De TUNIS et ALGER à TLEMCEN

Le trajet de Tunis à Tlemcen, par Constantine et Alger, qui compte au total 1480 kil., demande un minimum de 40 heures comprenant deux journées pleines et la nuit intercalée. Wagons-lit aux trains de nuit de Constantine à Alger et d'Alger à Oran.

4. - De CARTHAGÈNE à TLEMCEN

Bateau : Compagnie Générale Transatlantique, de Carthagène à Oran (traversée de 9 ou 10 heures; 1 service hebdomadaire).

Chemin de fer : O.-A, comme ci-dessus 1, A.

5. - D'ALICANTE à TLEMCEN

Bateau : Compagnie Tintoré de Barcelone, d'Alicante à Oran (traversée en 9 ou 10 heures; 2 services hebdomadaires).

Chemin de fer : O.-A, comme ci-dessus 1, A.

I. TLEMCEN - Aperçu Géographique

Tlemcen, la « *Perle du Moghreb* », la « *Grenade africaine* », adossée au flanc septentrional du Massif tlemcénien, au pied de falaises grisâtres, presque à pic, est bâtie à 830 mètres d'altitude et domine de plus de 400 mètres la vaste plaine d'Hennaya. Elle est située à 60 kilomètres de la mer qui apparaît au nord par la coupure de Rachgoun; elle en est assez loin pour ne pas subir l'humidité de la côte et assez près pour recevoir, l'été, les brises marines.

La région tlemcénienne doit à l'altitude relativement considérable de ses montagnes (point culminant 1842 m.) une plus grande quantité de pluies que n'en reçoit le littoral oranais. Les sources y sont nombreuses et intarissables. Aussi les oueds qui sortent du Massif de Tlemcen par des cluses grandioses sont-ils de véritables rivières dont le lit n'est jamais à sec.

Grâce aux avantages naturels dont jouit cette région, la campagne tlemcénienne conserve tout l'été sa végétation. « Les oliviers et les arbres fruitiers forment un tapis de verdure épais et odorant; des haies de petites roses blanches bordent routes et chemins; de lourdes grappes de cerises éclatantes brillent dans l'ombre des jardins et de délicieux bois d'oliviers tamisent une lumière discrète et familière au-dessus d'adorables cimetières arabes ».

Par son admirable situation, par ses monuments, ses rues pittoresques, ses environs où les belles excursions sont nombreuses, Tlemcen est une des villes les plus attrayantes de toute l'Algérie.

II. Le Climat

Tlemcen jouit d'un climat de caractère continental. Les hivers y sont généralement assez rigoureux, mais le froid y est vif et sain. La température reste fraîche jusque vers la fin juin. A partir de ce moment, on entre dans la saison sèche d'été jusqu'à la fin du mois de septembre. Les chaleurs de l'été ne sont fatigantes que pendant les mois de juillet et août; encore que, l'air étant d'ordinaire très sec, les nuits sont toujours fraîches. Il n'y a guère d'automne; on sort de l'été pour entrer dans la saison froide qui commence avec les pluies et les brouillards d'octobre. Il n'est pas rare d'avoir des hivers très secs avec peu de pluies ou de neige et des périodes de soleil de plusieurs semaines.

Au point de vue thérapeutique, le climat de Tlemcen qui est reconnu comme tonique et légèrement excitant, est excellent pour tous les surmenés, physiques ou moraux, les anémiques et les nerveux. Tlemcen remplit, en outre, les conditions d'une station de moyenne altitude.

III. A quelle saison faut-il visiter Tlemcen?

Les touristes qui, indépendamment des curiosités artistiques, voudront goûter les charmes de la nature, devront visiter Tlemcen au printemps. C'est en avril-mai que la campagne tlemcénienne est surtout attirante. Les mois d'automne sont souvent magnifiques. La végétation conserve toute sa beauté, surtout si septembre n'a pas été trop sec. La plus mauvaise période est celle qui va de juillet à septembre à cause des fortes chaleurs. Cependant, les Algériens qui habitent des régions où les chaleurs sont tenaces et lourdes trouveront, en été, à Tlemcen, un air sec et des nuits fraîches. Le redoutable sirocco ne s'y fait sentir que très rarement.

IV. Histoire

Tlemcen (ar. vulg. *Tlemsèn*, class. *Tilimsân*) est la forme du pluriel verbère *tilmisân* dont le sing. *tilmas* signifie « poche d'eau, source » (Cette étymologie est préférable à celle donnée dans le *Guide de Touriste*, première édition). Le nom berbère de cette ville « Les Sources » convient admirablement à notre pays où les innombrables sources donnent une eau abondante, fraîche, agréable au goût.

Il n'est pas douteux que le flanc nord du massif montagneux sur lequel est aujourd'hui Tlemcen et plusieurs villages indigènes, fut, dès *les temps préhistoriques*, habité par les hommes. Tout s'y prêtait :

la situation dominant les plaines du Nord, l'abondance des cavernes naturelles percées dans les calcaires dolomitiques ou travertineux et dans les grés, l'excellence des terres et du climat permettant les cultures les plus variées, la grande quantité des eaux.

Aussi, les vestiges préhistoriques déjà retrouvés dans la région (voir au Musée) ne représentent-ils qu'une faible partie de la récolte promise aux chercheurs futurs.

Ce que nous savons, c'est que l'ancien Tlemcen, jusqu'au XIe siècle de J.-C., se trouvait sur le petit plateau où s'élève aujourd'hui la Mosquée d'Agadir et s'appelait aussi *Agadir*. Ce mot d'origine phénicienne, passé en berbère, se retrouve ailleurs en Afrique du Nord; il signifie « rocher abrupt » et définit bien ici la situation du plateau d'Agadir dominant brusquement, et d'assez haut, la plaine voisine au Nord et à l'Est.

Les Romains qui avaient à Tlemcen une colonie et un poste de cavalerie pour surveiller la grande voie d'Altava (Lamoricière) à *Numerus Syrorum* (Marnia) et la plaine au Nord, avaient donné à la ville le nom de *Pomaria* « Les Vergers », en raison de l'abondance des jardins et des arbres fruitiers, qui font encore de la campagne tlemcénienne l'un des paysages les plus délicieux de la Berbérie tout entière. Ils avaient favorisé l'irrigation des jardins par un canal amenant l'eau des Cascades d'El-Ourit, et ce canal de 6 à 7 kil., bien que reconstruit plusieurs fois depuis, est utilisé aujourd'hui pour le même usage; les Indigènes l'appellent *Saguiat ennasrâni* « canal du Nazaréen », c'est-à-dire « du chrétien ».

Une divinité romaine de Tlemcen s'appelait

Aulisva. Elle représentait sans doute quelque ancienne divinité berbère. Ce qui semble probable c'est que les Indigènes de la région, juifs et idolâtres, conservèrent longtemps leur religion, même après l'époque romaine. Ils virent passer, sans se convertir bien sérieusement à l'Islâm orthodoxe, les premières hordes de guerriers musulmans, notamment celles que conduisit en conquérant jusqu'à l'Océan Atlantique, Oqba ben Nafi, au VIIe siècle de J.-C.

Au VIIIe siècle, les Berbères de Tlemcen se convertirent en grande partie aux doctrines hétérodoxes de l'Islâm, et le chef Kharedjite Abou Qorra fit de Tlemcen son éphémère capitale.

Ce fut à la fin du VIIIe siècle qu'Idrîs I, le père du fondateur de Fès, fit la conquête de Tlemcen et construisit la Mosquée d'Agadir, dont le minaret actuel (bâti au XIIIe s.) indique l'emplacement. C'est de ce moment que date l'établissement définitif de l'Islam dans ce pays et le développement important que prend la ville.

Au XIe siècle, le fondateur de Marrâkech, le souverain almoravide Youcef ben Tachefine, pour assiéger Tlemcen, c'est-à-dire Agadir, installe son camp un peu à l'ouest de la ville, sur l'emplacement qu'occupe Tlemcen actuellement, et ce camp (en berbère *tagrart*) devient une cité nouvelle qui prit le nom de Tagrart.

Ce sont les Almoravides (1060 à 1146) qui, dans la première moitié de notre XIIe siècle, fondèrent la Grande Mosquée actuelle et, à côté d'elle, pour leur résidence, un palais qui a disparu.

Leurs successeurs, les Almohades, firent entourer Tlemcen-la-Nouvelle d'un rempart, dont Bâb-el-Qarmâdine est l'un des plus importants vestiges.

Sous les Almohades, maîtres de Tlemcen (1144) pendant près d'un siècle, la ville demeure le siège d'un gouvernement de province et se développe sensiblement (1144-1236). Cependant, à part des agrandissements et des aménagements à la Grande Mosquée, la fondation du Sanctuaire de Sidi Bou Médine à El-Eubbâd, à la fin du XIIe siècle, il ne nous reste aucun autre édifice (mosquée ou palais) que l'on puisse dater à coup sûr de l'époque almohade, ni dans la ville, ni dans les environs immédiats.

Vers 1236, alors que l'empire almohade était affaibli par des luttes intestines, un chef berbère, Yar'morasen, des Beni Abdelwâd (ou Beni Zeiyân) fraction des berbères Zenata, établit son autorité à Tlemcen et proclame l'indépendance de cette ville et de toute la province. Il fonde un royaume, dont Tlemcen devient la capitale, et dont ses descendants seront les souverains presque sans interruption jusqu'en 1555, date à laquelle Salah-Reïs, pacha d'Alger, s'en empare, tandis que le dernier roi de Tlemcen se réfugie à Oran chez les Espagnols.

C'est Yar'morasen, le premier roi musulman de Tlemcen, qui a fondé le Méchouar où il établit sa résidence. Il a fait aussi construire les deux minarets des Mosquées d'Agadir et de Tlemcen-la-Nouvelle, minarets qui existent encore.

Pendant trois siècles, Tlemcen est la capitale d'un royaume et sa populationt atteint et dépasse peut-être 100.000 âmes. Elle connut cependant bien souvent alors les rigueurs de la guerre et même de la conquête étrangère. Les rois de Tlemcen ont eu pour ennemis leurs cousins — des Zenata comme eux — les Mérinides, rois de Fès, qui avaient fait tomber sous leurs coups l'empire olmohade de Marakech, vers le milieu du XIIIe siècle.

C'est l'un des premiers rois mérinides qui fonde *Mansoura* (la Victorieuse) en 1299-1306, à l'Ouest de Tlemcen pour assiéger celle-ci, de même que l'Almoravide Yousof ben Tachefine, un peu plus de deux siècles auparavant, avait fondé Tagrart pour assiéger Agadir. Mais Mansoura n'eût pas le succès de Tagrart et des trois villes (Agadir, Tagrart, Mansoura) qui ont successivement, vers l'Ouest, agrandi Tlemcen, il ne reste plus depuis longtemps que celle du milieu, la Tlemcen actuelle.

Le Minaret (*XIIIe s.*)
de l'ancienne Mosquée d'Agadir

Les luttes entre rois de Tlemcen et de Fès sont interrompues par des trêves plus ou moins longues, des périodes de paix au cours desquelles les souverains de Tlemcen travaillent à l'embellissement de la capitale, au développement de la religion, des sciences religieuses, des études arabes, du commerce et de l'industrie. Ils fondent des Mosquées, dont il nous reste de très belles, des Médersas (écoles de fonctionnaires) dont la dernière — la Médersa Tachefiniya — s'élevait sur la place actuelle de la Mairie et fut détruite depuis l'occupation française.

La cour de ces rois n'est pas sans éclat; des embassadeurs des souverains orientaux, de Tunis, de l'Espagne y sont reçus, des savants réputés y sont comblés de faveurs, la poésie y est en honneur et les chroniqueurs du temps nous parlent avec emphase des fêtes qui y sont données chaque année à l'anniversaire de la naissance du Prophète (Mouloud) et des concours de poésie qui se tenaient alors au palais.

D'ailleurs, les rois de Fès, les Mérinides, s'étant rendus maîtres de Tlemcen à deux reprises (1337 à 1348 et 1352 à 1359) s'installent dans le Palais de la Victoire, à Mansoura (voir un beau chapiteau de ce Palais à l'intérieur du Musée) et laissent aussi la durable empreinte de leur gouvernement par des constructions dans ce remarquable style hispano-moresque du XIVe siècle, comme le groupe des édifices de Sidi Bou Médine et la Mosquée de Sidi-l-Haloui.

Dès la fin du XIVe siècle, l'heure de la décadence est venue pour la dynastie des rois de Tlemcen, comme aussi pour leurs rivaux, ceux de Fès. Les premiers ne tombent cependant qu'en 1559 sous les coups des Turcs d'Alger, après leur avoir résisté, ainsi qu'aux Espagnols d'Oran, pendant un demi-siècle.

Les Turcs à Tlemcen, pendant près de trois siècles, n'ont guère laissé dans les monuments qu'une restauration de la porte du sanctuaire de Sidi Bou Médine et quelques aménagements à la Mosquée de Sidî Brâhim. A la population, ils ont donné un élément ethnique important, les Koulouglis. Il est resté cependant un mauvais souvenir de leur administration. Après 1830, et avant même l'arrivée des Français, la population tlemcénienne accepta la suzeraineté du Sultan du Maroc.

Le soldats français entrèrent la première fois à Tlemcen, le 13 janvier 1836 [jour de la fête d'Ennayer (Januarius) ou 1er janvier de l'année julienne, encore fêtée depuis l'époque romaine dans toute l'Afrique du Nord], sous la conduite du Maréchal Clauzel escorté par le vieux chef turc, rallié à notre cause, Mustapha ben Ismaïl.

Tlemcen, abandonnée à l'Émir Abd-El-Kader par le traité de la Tafna (mai 1837) ne redevint française qu'en janvier 1842.

Aujourd'hui, Tlemcen offre le triple attrait *d'une campagne délicieuse* de verdure, de fleurs, de variété dans les aspects, la douceur des lignes et des paysages, *de nombreux monuments d'art musulman* du plus pur style hispano-moresque qui font que cette ville n'a pas sa pareille en Algérie sous ce rapport, *d'une population indigène* aisée, ayant conservé vivace, avec la foi islamique, ses croyances, ses traditions familiales et sociales, son costume et ses mœurs, ses industries si originales et encore si prospères. C'est bien encore ici qu'est vraiment la capitale religieuse, intellectuelle et artistique de l'Islam en Algérie.

V, Les Monuments

L'une des chances de Tlemcen est d'avoir conservé de son glorieux passé une série de très beaux monuments, des mosquées surtout, rappelant « le peuple industrieux qui, avant l'arrivée des corsaires, avait fourni des architectes à l'Alhambra », aux monuments de Séville et de Fès.

Que de trésors d'art musulman ont été accumulés dans les enceintes de ces vieux remparts en pisé dont les pans de murs et les tours de flanquement attestent la solidité et sont d'un si pittoresque effet avec leur ceinture de verdure et de jardins !

On a dit que la première Mosquée de Tlemcen fut fondée, par Idris I, en 790, à Agadir et que la Grande Mosquée de Tlemcen date de 1136.

Mihrab de la Grande Mosquée

Mais toutes deux furent agrandies et dotées des hauts minarets, que l'on admire encore, vers le milieu du XIIIe siècle.

Les plus beaux monuments que l'on visitera à Tlemcen sont du XIIIe au XVe siècle, à l'époque où cette ville était la capitale du Magreb central et la rivale de Fès, la Mérinide.

Les uns sont dûs aux rois de Tlemcen et ceux-là, à l'exception du minaret d'Agadir (XIIIe s.) et de la petite Mosquée de Sîdi-l-Hasen (près de Sidi-l-Haloui) datant du XVe siècle, sont dans l'intérieur de la ville : Grande Mosquée (XIIe et XIIIe s.), Mosquée de Sidi-Bel-Hasen [Musée] (fin du XIIIe s.), Mosquée d'Oulad-el-Imâm (com[t] du XIVe s.), Mosquée du Méchouar (com[t] du XIVe s.), Mosquée de Sidi Brahîm (fin du XIVe s.), Mosquée de Sidi Senoussi (XIVe s.), Mosquée de Sidi-l-Benna (XVe s.) sont les principales.

Mihrab de la Mosquée de Sidi Bel-Hassen (Musée)

Les autres sont l'œuvre des deux rois mérinides, maîtres de Tlemcen, au milieu du XIVe siècle : ce sont les édifices d'El-Eubbâd [Mosquée et ses dépendances (1339), Médersa (1346), Palais du Sultan (très ruiné, date imprécise)] et ceux de Sidi-l-Haloui (Mosquée et dépendances - 1353). Les imposantes ruines de Mansoura (com[t] du XIVe s.) dont on ne vantera jamais trop la subtilité du décor et la majesté de l'ensemble du minaret en pierre de taille (les autres minarets sont en brique) rappelant les minarets almohades de Rabat (Tour Hasan), de Marrakech (Koutoubiya), de Séville (Giralda).

Cette époque du XIIIe-XIVe siècle correspond à la

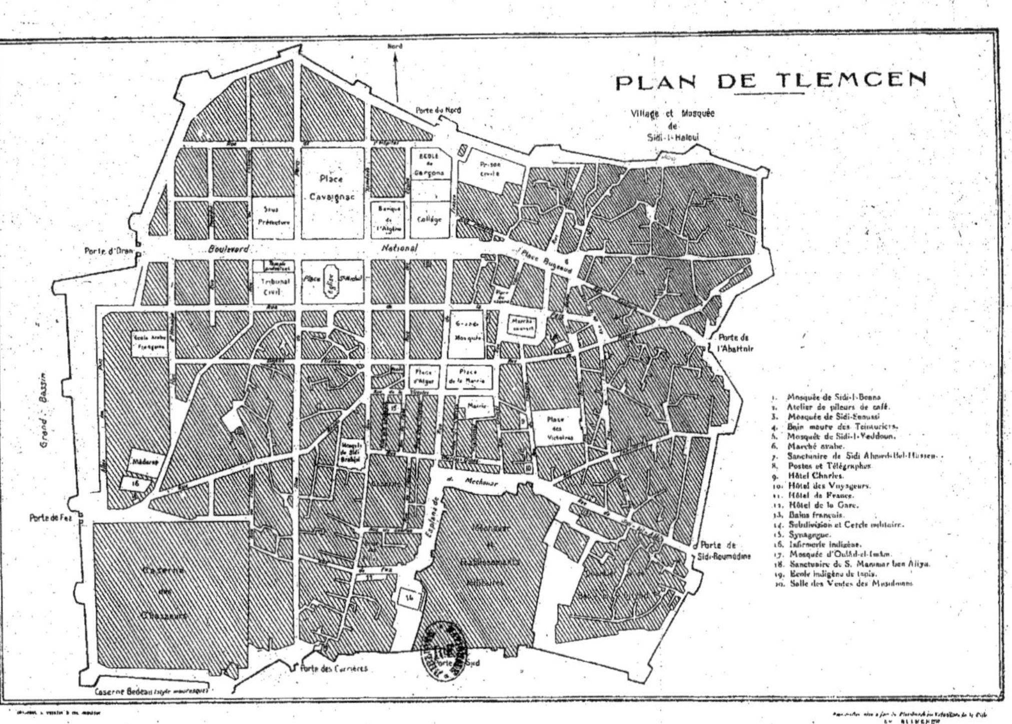
PLAN DE TLEMCEN
Nord
Porte du Nord
Village et Mosquée de Sidi-l-Haloui
Place Cavaignac
Sous Préfecture
Banque de l'Algérie
Collège
Prison civile
Porte d'Oran
Boulevard National
Place Bugeaud
Tribunal Civil
Grande Mosquée
Marché couvert
Porte de l'Abattoir
Ecole Arabe Française
Place d'Alger
Place de la Mairie
Mairie
Place des Victoires
Grand Bassin
Médersa
Porte de Fez
Mosquée de Sidi Brahim
Méchouar
Caserne des Chasseurs
Porte des Carrières
Porte Sud
Porte de Sidi-Boumédine
Caserne Bedeau (style mauresque)
1. Mosquée de Sidi-l-Benna
2. Atelier de pileurs de café.
3. Mosquée de Sidi-Senussi
4. Bain maure des Teinturiers.
5. Mosquée de Sidi-l-Yeddoun.
6. Marché arabe.
7. Sanctuaire de Sidi Ahmed-Bel-Hassen.
8. Postes et Télégraphes
9. Hôtel Charles.
10. Hôtel des Voyageurs.
11. Hôtel de France.
12. Hôtel de la Gare.
13. Bains français.
14. Subdivision et Cercle militaire.
15. Synagogue.
16. Infirmerie indigène.
17. Mosquée d'Ouläd-el-Imâm.
18. Sanctuaire de S. Mammar ben Aliya.
19. Ecole indigène de tapis.
20. Salle des Ventes des Musulmans

période classique du style architectural hispano-moresque. La décoration intérieure des beaux édifices publics et privés, religieux et civils, était alors, comme je l'ai montré dans une étude des Médersas mérinides de Fès, dans les revêtements des murs. A la base des murs, dans les édifices privés et les Médersas surtout rarement dans les Mosquées, sont des lambris de faïence, sorte de marqueterie aux combinaisons multiples d'émaux polychromes. Au-dessus de ces lambris se développent les arabesques florales, épigraphiques ou géométriques des plâtres sculptés comme de la dentelle, jusqu'aux corniches des bois sculptés et quelquefois peints, soutenant les plafonds. Ceux-ci sont en cèdre sculpté et peint, comme à la Mosquée de Sidi-l-Haloui, à celle de Sidi-Bel-Hasen (Musée) et dans la salle principale de la Médersa d'El-Eubbad, ou bien en plâtre à entrelacs géométriques. Les coupoles des « Mihrab » (au milieu de la face sud des Mosquées) sont en plâtre à stalactites, comme aussi la voûte des porches (Mosquée de Sidi-Bou-Médine) et la coupole de la travée précédant le

Le Minaret de Mansoura

mihrab dans quelques mosquées (Grande Mosquée), dans d'autres cette coupole est en bois ajouré et sculpté (Bou Médine). Le bois de cèdre a servi aussi à faire des vanteaux de portes et des grillages en moucharabie et en assemblage de planchettes sculptées et peintes.

A Tlemcen, le décor en faïences polychromes pour les revêtements des murs des salles et du patio a presque complètement disparu (vestiges au Palais du Sultan). Il devait cependant exister à la Médersa d'El-Eubbâd et dans quelques autres palais. On en a retrouvé d'importants vestiges à la Médersa Tachefiniya (ils sont en partie au Musée), dans le palais de la Victoire (tous disparus) et à la Mosquée de Mansoura (simples débris) par exemple.

Le marbre-onyx, jaunâtre et translucide, abondant dans la région tlemcénienne encore aujourd'hui a donné des fûts de colonne, des chapiteaux d'une robuste élégance et de ce type particulier aux Mérinides dont le Musée de Tlemcen donne tant de spécimens (et aussi Mosquée de Sidi-l-Haloui, sanctuaire de Sidi-Bou-Médine, Mosquée Sidi Bel-Hasen-Musée). On en faisait aussi des carreaux pour le pavage de l'atrium des Mosquées et des Médersas, des vasques et bassins à ablutions, des dalles murales donnant des inscriptions de habous, des stèles funéraires (voir Musée).

Le bronze a servi à faire des lustres de Mosquées, des heurtoirs et placage de vantaux comme à la porte de la Médersa de Sidi Bou-Médine ; ce placage, ainsi que le lustre de la Grande Mosquée, ont été reconstitués par l'artiste tlemcénien Si Mohammed-Ben-Kalfate.

Dans les Mosquées de la bonne époque on remarque l'élégante silhouette, l'harmonie des proportions et le classique décor des minarets quadrangulaires en brique. La décoration des quatre faces est obtenue par des réseaux de briques en saillie sur le plan du fond. Assez souvent, des faïences polychromes semées discrètement donne une note brillante et heureuse sur le fond mat et monochrome de la brique nue (minarets des rois de Tlemcen et celui de Mansoura qui est en pierre de taille); Parfois, comme à Bou-Médine, à Sidi-l-Haloui, de larges frises de mosaïque de faïences formant des polygones étoilés couronnent le minaret au-dessous des merlons.

Une Rue du Village Indigène de Bou-Médine

Dans toute mosquée de cette époque, il y a une partie de la salle principale de prière qui est très décorée ; c'est le *mihrâb.* C'est une sorte de niche, en retrait sur le plan du mur, devant laquelle se tient l'imam ou président de la prière en commun et vers laquelle il se tourne car elle est censée indiquer la direction de La Mekke, celle que doit prendre tout musulman pour prier (ici tous les mihrab sont orientés trop au sud). On admirera entre tous le décor des mihrab de la Mosquée Sidi Bel-Hasen (Musée) et de la Grande Mosquée. Il n'existe pas plus beau, ni au Maroc ni en Espagne, que le décor des mihrab de ces deux Mosquées tlemcéniennes.

Mais si l'on s'attarde un peu ici à travers les monuments des XIIIe et XIVe siècles, il n'en manque pas d'autres qui pour ne pas appartenir à l'époque classique, sont eux aussi curieux et intéressants. Ce sont, par exemple, les nombreux sanctuaires et mausolées qui dans la ville et la campagne tlemcénienne abritent le tombeau de quelque Saint de l'Islâm. Ces édifices sont les temples du culte des saints, culte très en faveur chez tous nos indigènes et constituant presque uniquement la religion des femmes et des gens du peuple.

Bois sacré de Sidi Yaqoub

Que l'on aille visiter le fameux sanctuaire de Sidi Bou-Médine, le plus riche et le plus curieux de tous puisqu'il abrite, depuis 1197, le corps du grand Patron de Tlemcen, ou ceux des Sidi Ya'qoub, Sidi-d-Daoudi, Sidi Brahim, de Lalla Setti, la Patronne des Tlemcéniennes, ou cent autres, on n'aura jamais à regretter le pèlerinage que l'on y aura fait.

Ce sont ces blanches coupoles qui couronnent un petit monument, ces toits de tuiles vertes de tel ou tel blanc sanctuaire, qui dans notre ciel bleu, dans la verdure dorée de notre paysage tlemcénien, donnent leur note de couleur locale éclatante et si heureuse de ligne. Ils nous rappellent que sous ces bouquets de vieux oliviers, de térébinthes séculaires, vit une population fidèle aux croyances de ses pères et qui, dans son existence paisible n'oublie pas d'offrir aux divinités de ces lointaines ancêtres l'hommage fervent de son inébranlable foi.

VI. La Population indigène

Carette nous apprend qu'en 1852 la population de Tlemcen *(intrà muros)* était de 5832 Musulmans et de 1770 Israélites ; le chiffre pour la commune entière devait être un peu plus élevé sans doute. Aujourd'hui, beaucoup d'Indigènes qui avaient fui Tlemcen au moment de l'arrivée des Français y sont revenus et avec la sécurité que nous avons établie dans la ville et dans le pays, avec le respect des biens, des personnes, des croyances et des mœurs, le développement de la richesse locale et régionale, la population indigène s'est accrue dans des fortes proportions. Les chiffes du recensement de 1912 sont les suivants (intra muros et faubourgs) : Musulmans 26.011 : Israélites 8.501.

La *population musulmane* est ici moins déformée, moins défigurée que partout ailleurs en Algérie. Elle a conservé ses traditions religieuses, familiales et sociales. Notre contact, notre influence et notre manie assimilatrice ont bien produit des changements et des modifications, pas toujours des plus heureux chez quelques individus. Il faut se réjouir de voir la langue française se répandre de plus en plus dans ces milieux puisqu'elle facilite les contacts et les rapports avec nous, de voir aussi des négociants s'inspirer de nos méthodes de commerce, des agriculteurs améliorer leurs semences, leurs plantations et faire partie du Syndicat Agricole, des fonctionnaires capables de rendre service aux administrations locales, des employés fort utilisables. Mais, à côté de cela, il faut hélas constater que l'usage de l'alcool, interdit par la loi musulmane, mais dont la consommation ne l'est malheureusement pas par nos lois, à nos indigènes, fait des progrès rapides et redoutables dans la jeunesse musulmane de Tlemcen, comme dans toute l'Algérie.

Au point de vue ethnique, les Musulmans de Tlemcen se divisent en trois groupes : 1° *Hadar*, descendants des Maures, dont beaucoup proviennent des émigrés d'Espagne au XVe siècle, ou produit du croisement des Berbères autochtones avec les Arabes ; ils n'ont pas de sang turc ; — 2° *Koulouglis*, dûs au croisement des Turcs avec des femmes du pays (maures ou berbéro-arabes) ; — 3° les Nègres, originaires du Touat ou du Soudan.

Il y a fort peu de mélanges entre ces divers groupes, par le mariage. Il y a entre eux des différences sensibles au point de vue physique et intellectuel, surtout entre les nègres et les deux autres groupes.

Tous sont musulmans malékites. Mais à côté d'une orthodoxie qui s'exprime par l'observance des principaux dogmes et du rituel de l'Islâm, il y a aussi chez tous la croyance aux esprits bons et mauvais, aux Saints et aux Démons, qui occupent dans leur vie la place principale et donne lieu à des rites de sorcellerie et de magie, à des pèlerinages individuels ou collectifs, à des cérémonies fréquentes et fort curieuses.

Des écoles coraniques, dans lesquelles un grand nombre de jeunes garçons et, parfois, de rares fillettes apprennent par cœur — sans le comprendre — le *Livre d'Allâh*, se trouvent dans tous les quartiers de la ville. Les fillettes ne reçoivent aucune instruction; extrêmement rares sont celles qui apprennent le Coran ou celles qui vont dans les écoles françaises; par contre, un assez grand nombre d'entre elles apprennent à faire des tapis de haute laine dans une école créée en 1900 par le Comité tlemcénien de l'Alliance française. La petite fille, jusqu'à l'âge de la puberté, fait les commissions de la maison, porte cuire au four la galette familiale, fait parfois un peu de broderie sur tulle; la plupart sont désœuvrées et jouent dans la rue. Et le spectacle de ces enfants, petits garçons éveillés et joufflus, fillettes, souples et rieuses, aux costumes bariolés et gracieux, donnent à nos rues et à nos ruelles tlemcéniennes une animation des plus pittoresques et très caractéristique de cette ville. Ce spectacle, en effet, n'existe guère ailleurs et pas du tout dans les villes marocaines où la fillette de la bourgeoisie ne doit pas quitter la maison.

Les jours des fêtes de l'Islam donnent lieu, à Tlemcen, à des scènes délicieuses de couleur locale : processions de confréries religieuses se rendant en pèlerinage à El-Eubbad et à Aïn-el-Hout, montreurs de serpents, baladins, jongleurs et bateleurs qui, sur une place ou auprès d'une porte de la ville — comme aux jours de marché — sont entourés d'une foule de curieux..... partout des Indigènes en habit de fête qui échangent le salut, rituel, pourrait-on dire, des enfants dans des vêtements neufs, des fillettes parées comme des châsses, couvertes d'or et de broderies, se promenant gravement pour se faire admirer, ou se pressent autour des marchands de sucreries.

Si les femmes musulmanes ne fréquentent pas les Mosquées, elles ont du moins des lieux de réunions et des motifs de sortie, avec le bain maure, les sanctuaires des marabouts et les cimetières, où elles ont l'occasion de causer et de se distraire. Il faut voir le va-et-vient des femmes, avec leur bonnet pointu, drapées dans leur blanc haïk de laine, sur le chemin entre la ville et les cimetières musulmans aux jours de visite des tombes des parents c'est-à-dire quatre ou cinq jours par semaine. Il faut voir aussi avec quelle ardeur, avec quelle foi profonde elles baisent le tombeau d'un saint, la porte d'un mausolée auquel elles viennent demander un peu de cette *baraka*, de cette force surnaturelle et bienfaisante, qui guérit les malades et fait réussir tous les désirs.

Mauresques Tlemceniennes sur la Place de la Mairie

Si du spectacle de ces manifestations religieuses nous passons à la vie matérielle de ces populations, nous y trouvons encore et toujours un attrait nouveau, une saveur orientale. Une promenade dans la rue de Mascara (la *Qisarya* comme on dit) et dans les rues voisines nous donne une idée du commerce et de l'industrie des Musulmans à Tlemcen. Les marchands, étendus plutôt qu'assis dans leur étroite boutique, attendent le client; les artisans sont là avec leurs vieilles techniques : pileur de café, à demi-nu, maniant le lourd pilon de fer; tisserand poussant sa navette sur un antique métier; brodeurs d'or fort habiles et dont l'industrie, si considérable ici, donne des produits très supérieurs à tout ce que l'on peut trouver ailleurs dans l'Afrique du Nord; fabricants de pantoufles en cuir jaune; menuisiers; tailleurs en burnous ou en djellabas, aidés par un gamin qui dans la rue, devant la boutique, croise rapidement de ses mains les fils qu'ajuste l'aiguille de l'ouvrier sur le vêtement; orfèvres juifs, forgerons, armuriers, barbiers, avec les dents arrachées à des clients étalés devant la boutique, gargotiers, fabricants de beignets et dix autres qui tous ont conservé de vieilles techniques, un ancien outillage et les traditions de leurs devanciers des siècles révolus.

La Rue Khaldoun

Il faudra voir aussi le four de quartier où chaque famille envoie cuire la galette préparée à la maison et la foule de fillettes attendant le pain qu'elles emportent gracieusement sur une planchette posée sur la tête, et le bain maure (en particulier celui des Sebbar'ine) où la nuit et la matinée sont consacrées aux hommes (entrée libre), et sa soirée aux femmes (femmes seules admises). On entendra parfois dans tel café maure, dans une fête de famille, la douce musique avec chants, appelée *Garnata*, parce qu'elle vient de Grenade et de l'Andalousie musulmane.

On pourra visiter aussi quelques maisons particulières, si l'on a des relations dans le pays, mais il faut respecter les usages — qui font que la femme musulmane ne doit pas se montrer à des hommes — et l'on prendra les précautions nécessaires (indiquées par le *Guide du Syndicat d'initiative*). La maîtresse de maison ici porte bien son nom. C'est elle qui règne dans son intérieur que le mari déserte tout le jour sauf aux heures des repas. C'est elle qui fait la cuisine, élève les enfants, donne à la demeure familiale tous les soins qu'elle comporte et, son travail fini, elle fait de la broderie sur tulle ou file de la laine. Il est de vieilles maisons tlemcéniennes qui ne manquent par de caractère dans leur architecture. Les chambres sont distribuées autour d'une cour centrale, abritée le plus souvent par un arbre ou un vieux cep de vigne et c'est là que dans le jour se tiennent les femmes. Un jet d'eau avec une vasque au centre, ou un puits sur le côté de la cour, ou une simple pompe donnent l'eau nécessaire à la maison dans les intérieurs bourgeois.

Cette vie domestique, cette animation dans les boutiques des artisans, dans les rues, sur les places des quartiers arabes, cette vie religieuse, à la mosquée, aux sanctuaires des marabouts, sont autant de spectacles curieux pour l'Européen, car tout ce monde a conservé le geste atavique et le costume traditionnel.

Il y a vraiment entre cette population musulmane, son costume, les ruelles étroites des quartiers indigènes, les oratoires, les maisons privées, les manifestations de la vie religieuse et matérielle d'une part, les monuments anciens, les vieilles mosquées, les ruines de remparts en pisé, les mausolées des saints, la végétation elle-même des jardins, d'autre part, une heureuse harmonie entre gens et choses baignés dans la vive lumière du soleil africain. On sent ici que ces monuments, ces belles et riches mosquées, ces ruines, témoins d'un grand passé ont toujours dominé la même société musulmane, les mêmes hommes drapés dans les mêmes lainages, animés des mêmes croyances, des mêmes idées, menant la même existence aujourd'hui que leurs lointains ancêtres.

C'est ce qui constitue l'originalité de Tlemcen. C'est de ce spectacle harmonieux entre les vieux monuments et cette population de citadins conservateurs des traditions ancestrales, fidèle portrait sans doute de ceux du Moyen âge, qu'est faite, bien sûr, la séduction qu'exerce sur nous cette ancienne capitale d'un royaume musulman, dans cette Algérie où la population Européenne, faite d'un conglomérat hétéroclite de gens, très différents des Indigènes, venus de divers pays et de toutes les provinces de la France, n'a pas conservé les traditions de sa patrie et n'a pas eu le temps d'en créer de nouvelles.

La population israélite est beaucoup plus déformée en apparence que la musulmane. Le plus ancien fond connu est berbère; à l'époque almohade (XIIe s.) il y avait une communauté juive importante à Tlemcen; un second groupe juif provient de l'émigration d'Espagne et de Portugal (XIVe-XVe s.); un troisième groupe vient du Maroc à diverses époques et notamment de Debdou.

Les juifs habitant Tlemcen et l'Algérie, en 1870, ont été naturalisés par le décret Crémieux. A Tlemcen, tous parlent un dialecte arabe sensiblement différent de celui des Musulmans pour la phonétique et le vocabulaire.

Ils ont à Tlemcen plusieurs synagogues dont la Grande (Rue de la Synagogue) est placée sous le patronage de Rabb Anqaoua, rabbin andalou venu à Tlemcen à la fin du XIVe siècle et vénéré comme le Saint-Patron de la Communauté. Son tombeau au N.-O. de Tlemcen (près de Bab-el-Qarmadine) est l'objet d'un culte assidu et d'un grand pèlerinage annuel au mois de mai; ce pèlerinage de 8 jours attire ici des milliers de Juifs étrangers.

La religion des Juifs de Tlemcen est vivace; elle ressemble beaucoup à celle des Musulmans, en ce sens qu'à côté du mosaïsme, les croyances aux esprits et aux démons, la magie et la sorcellerie, y occupent une place prépondérante. Les pratiques religieuses, personnelles, familiales et sociales, soit dans les synagogues — dont les femmes sont exclues — soit à la maison, soit au cimetière ou sur le tombeau du saint Rabb, les coutumes locales pour la grossesse, la naissance, la circoncision, la communion, le mariage, le décès, pour les rites de passage en un mot, constituent des cérémonies fort curieuses encore; les croyances animistes, les rites magiques l'emportent de beaucoup sur l'orthodoxie mosaïste.

L'Enseignement religieux, donné dans les *midrachims*, est analogue à l'enseignement des écoles coraniques.

A Tlemcen, les Juifs sont surtout des ouvriers, des artisans et des commerçants : tailleurs, cordonniers, orfèvres, brodeurs sur velours, menuisiers, ferblantiers, voituriers, bouchers ; quelques uns sont à la tête d'importants négoces et de grosses minoteries ; d'autres sont fonctionnaires et employés ; il y a aussi des médecins, des avocats, des professeurs, des instituteurs et des imprimeurs.

Les Juives du peuple avant leur mariage se placent encore dans la classe bourgeoise de Tlemcen comme domestiques ; mais, depuis la guerre, beaucoup ont déserté ce genre de travail et trouvent des emplois dans la couture et la lingerie, dans les administrations militaires et civiles ; d'autres sont employées dans des maisons de commerce. Quelques veuves se placent pour le gros travail des maisons ou font la lessive et le repassage.

Le samedi est pour la population juive un jour de repos absolu. Hommes et femmes se promènent en habits de fête. Les hommes emplissent les cafés ; les femmes restent devant leur porte ou se promènent en groupes ; aucune ne fait de cuisine ce jour-là, on mange la *dfîna* qui a été préparée la veille et cuite au four musulman. Nul ne doit fumer, monter en voiture ou à cheval ni même toucher de l'argent, du vendredi à la nuit tombante (car la journée de 24 h. pour les Juifs et les Musulmans commence au coucher du soleil et non à minuit comme chez nous) au samedi à la même heure.

Le costume indigène des Israëlites est peu différent de celui des citadins musulmans de Tlemcen. Comme coiffure les uns portent des turbans et les autres des casquettes à visière ; mais le plus grand nombre des Juifs, les jeunes surtout, porte le costume européen.

Le vêtement des femmes diffère pour les jeunes filles, les femmes jeunes mariées et les vieilles. Le costume indigène de la juive est parfois riche et élégamment porté. Les jeunes filles juives s'habillent à l'européenne.

La plupart des hommes et des femmes parlent aujourd'hui le français avec cet accent algérien qui tient beaucoup de l'accent du midi, mais s'en distingue cependant sensiblement ; les enfants des deux sexes fréquentent les écoles françaises et montrent des dispositions à l'étude.

On constate dans ces dernières années de la part de la jeunesse israëlite un effort louable pour le relèvement physique et intellectuel de cette société.

En résumé, dans la population juive de Tlemcen, il y a encore le vieux fonds de coutumes et de croyances, de traditions anciennes, qui apparaît partout et les types de vieux Juifs tlemcéniens, les coutumes religieuses de la synagogue, les visites des femmes juives au cimetière, sujets des si belles toiles tlemcéniennes de Suréda demeureront longtemps une réalité vivante pour la joie des artistes et des amateurs de visions exotiques.

ALFRED BEL.

VII. Renseignements utiles

Administration militaire : Hôtel de la subdivision, Rue de Fez.

Banques : Banque de l'Algérie, Boulevard National ; Crédit Foncier, rue Eugène-Etienne; Cie Algérienne, place du Qysaria; Trésor, Esplanade du Méchouar.

Bains français : rue Sidi-bel-Abbès.

Bibliothèque publique : Mairie.

Cafés : Café de la Bourse, place d'Alger; Taverne Gambrinus, place d'Alger.

Cimetières : Catholique, route d'El-Kalaa (par la porte du Sud); - Israélite, route d'Hennaya (par les portes du Nord ou d'Oran); - Musulman, route de Bou-Medine et partout auprès des sanctuaires.

Clinique chirurgicale du Dr Jean DUBOIS, avenue de la Gare.

Collège communal : Boulevard National.

Commissariat de police : Impasse rue du Théâtre.

Culte catholique : Eglise catholique, place Saint-Michel.

Culte protestant : Temple protestant, angle rue de Paris et Boulevard National.

Culte israélite : Synagogue, rue du Rabb.

Cinémas : Rue du Théâtre et rue Haëdo.

Dentistes : DUBOIS, esplanade du Méchouar;
FRADET, rue Sidi-Bel-Abbès.

Douanes : Boulevard National.

Ecole arabe-française : Rue d'Hennaya.

Ecole de tapis, près de la porte des Carrières.

Gendarmerie : Boulevard d'Oran.

Garages : *Garage des Sports*, EYVRARD, rue Bel-Abbès et place de la Gare ; - *Garage* JOUBERT, stocks Dunlop et Goodrich, rue Ximénés ; - *Garage Auto-Palace*, François MAESTRE, stock Michelin, rue Eugène-Etienne ; - *Central Auto-Garage*, MONTORO, rue Sidi-bel-Abbès ; - *Garage* PONS, rue Sidi-bel-Abbès ; *Garage* PIALAT, rue de Paris.

Hospice civil et militaire : Méchouar.

Hôtel de Ville : Place de la Mairie.

Hôtels-Restaurants : *Hôtel de la Cie Transatlantique*, route de Bou-Médine ; - *Hôtel des Voyageurs*, angle esplanade du Méchouar et rue du Théâtre ; - *Hôtel de France*, rue de Fez ; - *Hôtel Charles* (LAGARDE et Vve BELLOT, successeurs), place des Victoires ; - *Hôtel de la Gare*, rue Sidi-bel-Abbès.

Journaux (dépôt) : CONTRÉRAS, coiffeur, place de la Mairie.

Justice de paix : Mairie.

Librairies : DESBONNET, rue de France ; COHEN, rue de France ; MOUTOUT, place d'Alger.

Maison de convalescence du Dr RIVAUD : El Kalaa (près Tlemcen). — Recommandée aux convalesents et aux personnes qui redoutent les fortes chaleurs de l'été. Pour les conditions de séjour, s'adresser à la directrice : Mme RENAUD.

Médecins : Mlle BOIRIVAN, maison Soriano, près de l'allés des Pins ; MM. DOUFFIAGUES, rue du Théâtre ; DUBOIS, esplanade du Méchouar ; NEKKACH, rue de Paris ; PHOTIADIS, rue Sidi-bel-Abbès (maison Albaran) ; SCHIEFFER, place des Victoires ; TABET, rue de la Mouillah.

Musée : Mosquée Sidi-bel-Hacen, place d'Alger.

Prison : Boulevard du Nord.

Pharmaciens : Bouty, place de la Mairie; Guérin-Toudouze, rue Clauzel; Klingler, place de la Mairie.

Photographe : Jouve Frères, rue de la Victoire. Chambre noire à la disposition des touristes. Travaux pour amateurs.

Recette Municipale : Place des Victoires.

Sous-préfecture : Boulevard National.

Syndicat d'Initiative : Mosquée Sidi-bel-Hacen (Musée), place d'Alger (bureau ouvert de 9 à 11 h. et de 13 h. 1/2 à 17 h. en hiver; de 14 h. 1/2 à 18 h. en été).

Télégraphe et Téléphone : Hôtel des Postes, boulevard National (bureaux ouverts de 8 h. à 19 h.).

Touring-Club de France : Délégués : MM. André, principal du Collège, boulevard National; Pierre, avoué, rue de Paris.

Tribunal civil : Rue de la Paix.

Voitures de place : Stations : Mechouar et place des Victoires.

Nota. — Les touristes trouveront au bureau du Syndicat le tarif des voitures et les renseignements pour les autobus, chemins de fer, autos de location, etc...

. utobus : (Bureau : Esplanade du Méchouar).

	Départ	Arrivée
De Tlemcen à Oudjda..........	15 h.	19 h.
D'Oudjda à Tlemcen...........	6 h.	10 h.
De Tlemcen à Beni-Saf.........	5 h. 45	9 h. 30
De Beni-Saf à Tlemcen.........	11 h.	15 h. 30

	Départ	Arrivée
De Tlemcen à Aïn-Témouchent...	11 h.	15 h.
D'Aïn-Témouchent à Tlemcen....	10 h.	14 h. 30
De Tlemcen à Memours.........	13 h.	17 h.
De Nemours à Tlemcen..........	6 h.	10 h.

Voitures publiques :

	Départ	Arrivée
De Tlemcen à Montagnac........	14 h.	17 h.
De Montagnac à Tlemcen........	5 h.	8 h.
De Tlemcen à Lavayssière.......	14 h.	16 h.
De Lavayssière à Tlemcen.......	6 h.	8 h.
De Tlemcen à Sebdou...........	13 h. 30	18 h.
De Sebdou à Tlemcen...........	5 h.	10 h.

Articles indigènes :

BEN KALFATE, esplanade du Méchouar; BEN SLIMAN, rue de France ; BOUAYED, rue Basse et rue de France; HAFFAF, rue de la Sikak; ECOLE DES TAPIS, près de la porte des Carrières; ECOLE ARABE-FRANÇAISE, rue d'Hennaya; BUREAU DU SYNDICAT où l'on trouve, outre des articles vendus à prix marqué, des indications précises sur les artisans et les vendeurs.

L'AMIN DES DELLALS (commissaire-priseur musulman) renseigne gratuitement sur l'authenticité et la valeur des produits tlemcéniens (bureaux, rue de Mascara).

VIII. Emploi du temps

Tlemcen et ses environs méritent de retenir le touriste pendant plusieurs jours. On s'en rendra compte en parcourant le programme de promenades dont Tlemcen est le centre. Les voyageurs pressés trouveront, dans l'emploi du temps suivant, des indications utiles.

1° D'une Journée :

a) Dans la matinée : *Bou-Medine, Grande Mosquée, Mosquée de Sidi-bel-Hassen* (musée) ;

b) Dans l'après-midi : *Quartier des Hadar, Place des Victoires, Rue de Mascara, Rue Khaldoun, Rue Belle-vue* (vue sur la plaine), *Mansoura.*

2° De deux Jours :

1re journée : *Bou-Medine* (matinée). *Visite de la ville.*

2e journée : *a)* matinée : *Sidi-Lhassen, Sidi-Lhaloui, Agadir* et *Sidi-Yaqoub.*

b) soirée : *Mansoura* et *Cascades d'El-Ourit* ;

3° De trois Jours :

Itinéraire semblable au précédent pour les deux premiers jours avec, pour le troisième, excursion aux *villages européens (Bréa, Négrier, Saf-saf)* et aux deux *villages indigènes (Aïn-el-Août, Ouzidan).*

Quelle que soit la durée de séjour que l'on se propose de faire à Tlemcen, il faut voir la *Grande Mosquée,* la mosquée de *Sidi-bel-Hassen* (musée), la *rue de Mascara,* la *rue Khaldoun,* la *rue Belle-vue, Bou-Medine* et *Mansoura.*

Accès des Mosquées et des Qoubbas

L'accès des mosquées et des qoubbas qui les avoisinent est autorisé au public non musulman, tous les jours, le matin de 8 à 12 heures. En dehors de ces heures, une autorisation spéciale délivrée par Monsieur le Sous-Préfet est nécessaire.

IX. Visite de la Ville

A. La **Place d'Alger.** La **Grande Mosquée.** Le **Musée.** La **Rue des Orfèvres.** Le **Quartier Juif.**

La *Place de la Mairie* et la *Place d'Alger* forment le centre de la ville (buste de Cavaignac sur une stèle avec figure en bronze de l'Histoire). C'est de là qu'on rayonnera pour parcourir la ville.

Mausolée de Sidi Merzouq à l'angle de la Grande Mosquée

Grande Mosquée, au Nord de la place de la Mairie. Entrée par l'une des portes percées dans le mur oriental (On fournit des babouches aux visiteurs; modique rétribution). La *grande salle de prière* comprend soixante-douze colonnes qui forment six travées dans le sens de la largeur; une coupole à nervures s'élève au sud de la nef médiane. Le *mihrab* se distingue par son élégante ornementation. Dans la nef centrale, on remarquera une estrade grossière ; c'est la Sedda sur laquelle le Moqîm se place pendant la prière pour reproduire visiblement les mouvements de l'officiant.

En face du *mihrab*, une petite porte en ogive s'ouvre sur la cour intérieure où se trouvent deux bassins d'eau courante servant aux ablutions. On montera au sommet du minaret, haut de près de 35 mètres, par un escalier de 130 marches (belle vue).

A la Grande Mosquée - Cour intérieure et Bassins des ablutions

On sortira de la Mosquée par une porte percée dans la face Nord et à l'Est du minaret. On remarquera dans la galerie couverte qui précède cette porte, quelques meubles que l'on trouve dans presque toutes les mosquées : c'est le *matériel funéraire*.

Après avoir passé cette porte, on se trouve dans une petite cour extérieure qui communique, par un escalier, avec une seconde cour basse, tout autour de laquelle s'ouvrent une série de petites logettes formant les latrines de la mosquée.

Un escalier de quelques marches, sur la face Nord, conduit dans la *Rue de la Paix*.

On reviendra sur la *Place de la Paix* en tournant l'angle nord-est de la mosquée et en longeant le côté oriental de cet édifice. On trouvera, fixée dans le mur extérieur de la mosquée, une caisse à eau en maçonnerie. Deux gobelets en bois, retenus au mur par des chaînettes de fer, permettent aux passants d'étancher leur soif avec cette eau bénie à laquelle la croyance populaire attribue mille vertus et qui provient d'un puits voisin du tombeau du saint homme *Sidi-Almed Bel Hassem* el *R'omari*, dont la porte de la chambre sépulcrale est en face du réservoir

Mosquée de Sidi Bel-Hassen (actuellement Musée)

Mosquée de Sidi-bel-Hassen : - A l'angle nord-ouest de la *Place d'Alger*. C'est dans cette petite mosquée (1296 de J.-C.) qu'est installé aujourd'hui le *Musée de Tlemcen*. C'est l'une des plus jolies mosquées tlemcéniennes. *Minaret élégant* et bien proportionné. Plafonds ouvragés en bois de cèdre. Les travées sont supportées par de petites colonnettes en onyx, surmontées de chapitaux élégants. Le *mihrab* est une merveille de fantaisie et de goût. La petite voûte à stalactites de la niche présente une grande richesse de décors. Cette petite mosquée devait être un oratoire réservé aux sultans et aux grands de la cour.

Parmi les objets qui figurent au *Musée*, dans les salles du rez-de-chaussée, on remarquera : des inscriptions funéraires latines, inscriptions arabes, chapiteaux en marbre, coudée royale, cadran solaire arabe, anciennes margelles de puits en terre cuite (XVe s.), un canon espagnol du XVe siècle, des bois sculptés et ouvragés du XIIe au XVe siècle., diverses inscriptions arabes sur des bandes de bois de cèdre, mosaïques de faïence du début du XIVe siècle. Dans les vitrines : fragments de poterie trouvés à Agadir, plâtres sculptés, vieux clous artistiques, objets en métal.

Au premier étage, *Musée géologique et herbier* ou *Musée Brevet*, du nom du curé de Tlemcen qui a réuni ces collections et les a données à la ville et aussi des collections du préhistorique de la région tlemcenienne.

Du *Musée*, on s'engagera dans la petite *Rue des Orfèvres* qui est occupée par les ateliers primitifs et curieux des orfèvres juifs. On quitte cette rue pour traverser la *Rue de la Victoire* et s'engager dans la *Rue de la Synagogue* et le *Quartier Juif*.

On visitera la *Grande Synagogue*. Au fond de la pièce rectangulaire, des armoires vitrées occupent toute la largeur de la salle et renferment les *Saintes Ecritures*. C'est dans l'armoire centrale que se trouvent les *Rouleaux de la Loi* enveloppés dans de riches étoffes.

La *Rue de la Synagoge* conduit à la *Rue Charles-Quint* qui est le boulevard central du quartier juif. Vieilles maisons juives aux murs peints en bleu.

B. **Le Quartier des Hadar — Rue de Mascara, Rue Kaldoun, Boulevard Sidi-Lhaloui, ruelles arabes; mosquées et oratoires, le commerce et les industries indigènes. Le Méchouar.**

Le *Quartier des Hadar* est au Nord-Est de la ville. Pour le visiter, on partira de la place de la Mairie par la petite *Rue de la Mouillah*. On arrivera bientôt à la *Place des Victoires*, appelée par les indigènes *Place de la Négresse* à cause d'une statue de Diane, en bronze, qui se trouve au milieu de cette place. De la balustrade qui ferme à l'Est la place des Victoires, le *coup d'œil* est assez intéressant. On domine les terrasses des maisons arabes et l'on aperçoit, à droite, sur le flanc de la montagne, le blanc village de Bou-Médine.

Rue de Mascara et Minaret de Sidi-l-Benna

On descendra l'escalier de pierre qui conduit à la *Rue Basse* et l'on tournera à gauche pour arriver bientôt à la *Rue de Mascara*, appelée encore *Qisarïya*, du nom de l'ancien quartier occupé jadis par les marchands étrangers. C'est dans cette rue que se trouvent les étroites boutiques des marchands indigènes (musulmans et juifs). On pourra passer (à gauche en descendant) sur la petite place où se trouve la boutique du commissaire-priseur musulman *(amîn des Dellâl)*.

En descendant la *Rue de Mascara*, on remarquera à gauche la *Petite Mosquée de Sidi-l-Benna* (du XVe siècle). On pourra visiter à côté de cette mosquée, un *fondouk* (caravansérail) dans lequel descendent les gens de Beni-Snous (frontière du Maroc) venant à Tlemcen vendre de belles nattes en alfa et en laine teinte. On s'arrêtera devant les ateliers des cordonniers indigènes et des brodeurs sur cuir. A droite de la rue, un minaret, couronné par un énorme nid de cigognes, indique la petite *Mosquée Cheikh-Senoussi* qui est d'une grande simplicité. A gauche, à peu près en face de la mosquée, dans une ruelle : *Hamman-eç-Çebbar*'in (bain des teinturiers), l'un des plus anciens de Tlemcen.

Laissant la *rue de Mascara*, on prendra à gauche la *rue Khaldoun* que l'on suivra dans toute sa longueur. « Les boutiques des perruquiers arabes qui rasent les cheveux et la barbe, arrachent les dents, pratiquent la saignée, se mêlent aux magasins d'épicerie, aux restaurants arabes, aux boutiques de pâtissiers à l'étalage desquelles sont exposés les beignets huileux.... ».

On arrivera à la *Place Bugeaud* sur laquelle se tient le marché arabe des denrées alimentaires et des vieilles nippes. Au sud de cette place s'élèvent des maisons européennes et un *marché couvert*.

On descendra la *rue Belle-Vue* qui s'ouvre au nord de la place, jusqu'au mur qui la ferme du côté nord, à l'endroit où elle tourne à angle droit vers l'ouest. On s'arrêtera là pour jouir du *vaste panorama* qu'on a devant soi (au nord-ouest : chaîne des Traras; vers le nord : coupure de la Tafna par laquelle on voit la mer; au nord-ouest : montagnes et collines qui séparent la plaine d'Hennaya de celle d'Aïn-Temouchent. Sous le rempart même de Tlemcen : jardins d'oliviers séculairesséculaires, vignes, cultures, villages de colonisation de *Bréa* et de *Négrier*, village indigène d'*Aïn-el-Hoût*.

On suivra, vers l'est, le *boulevard de Sidi-Lhaloui*.

Mosquée de Bâb Zir

Près de la petite *Mosquée Bab-Zir*, sans grand intérêt, on prendra la rue des *Beni-Zeïyan*, (ateliers de tisserands indigènes) et l'on reviendra à la *rue de Mascara* par le dédale de petites ruelles qui sillonnent ce quartier et par la *rue de la Sikak*, boutiques d'objets indigènes fabriqués dans la ville ou dans la région (sparterie et grands chapeaux indigènes, poteries, tissus, drogues).

Revenu à la *Place de la Sikak*, on s'engagera dans la *rue de l'Huilerie* et l'on pénètrera dans la seconde maison à gauche de cette rue où l'on ira rendre visite aux pittoresques ateliers des *pileurs de café*. Dans cette rue on verra encore des Juifs fabriquer du galon décoré sur un métier dit « métier aux cartons », déjà en usage en Egypte au temps des Pharaons.

On quittera bientôt la *rue de l'Huilerie*, pour pénétrer, à gauche, dans une ruelle tortueuse et voûtée par intervalles. Cette ruelle débouche sur une petite place : *mosquée de Lalla-Reïya*, l'eau du puits qui est dans la cour de la chapelle est un remède à toutes sortes de maux. On sortira de cette place par la *rue Lamoricière* et l'on rejoindra la *rue Bel-Abbès* par la *rue des Fatimites*, si étroite, qu'à certains endroits deux personnes ne peuvent passer de front.

On remontera la *rue Sidi-Bel-Abbès* jusqu'à *l'Esplanade du Méchouar*, plantée d'arbres, à l'extrémité ouest de laquelle s'élève au milieu des cafés maures, la *petite Chapelle de Notre-Dame des Victoires* qui fut la première église catholique de Tlemcen depuis 1842.

Le *Méchouar* est l'ancienne résidence fortifiée des rois et des princes musulmans. De son ancien état, le Méchouar n'a guère conservé que le minaret de sa mosquée, transformée aujourd'hui en chapelle catholique (visible sur demande, peu intéressant). Les remparts, sans grand intérêt archéologique, ont été complètement remis à neuf par les Français. Le *Méchouar* renferme actuellement des casernes, des bâtiments et magasins militaires et l'Hôpital.

C. Le quartier des Koulouglis — Mosquée Oulad-el Imân, la nouvelle Médersa, l'école de tapis indigènes, la Mosquée de Sidi-Brahim et le tombeau.

Le *quartier des Koulouglis* qui se trouve au nord-ouest de la ville a beaucoup perdu de son originalité, par suite du percement de grandes rues.

On partira de la *place d'Alger* par la *rue Eugène-Etienne* ou par la *rue Haëdo* et l'on s'aventurera dans les petites ruelles qui s'entrecroisent dans l'intervalle de ces deux rues. Dans la dernière petite ruelle, à droite de la *rue Haëdo*, en allant dans la direction de la porte de Fez, on visitera la petite *mosquée Oulad-el-Imâm* (XIVe siècle); elle présente dans ce qui reste des décors en plâtre du mihrab des fragments très intéressants pour l'histoire de l'art moresque dans ce pays; minaret, haut de 17 metres, orné d'une décoration céramique en trois tons.

En prenant de nouveau la *rue Haëdo*, on arrivera devant la *Médersa* nouvelle, inaugurée en 1905, décorée dans le style hispano-mauresque et construite sur le type d'une maison arabe. Tout près de la *Médersa*, en se dirigeant vers la porte de Fez, on verra la *Qoubba* qui recouvre le tombeau vénéré de *Sidi-Maamar-ben-Aliya*. Sur la gauche, quartier de cavalerie et casernes. On reviendra sur ses pas, par la *rue Haëdo*, et l'on prendra, à droite, la *rue de Paris*, jusqu'à la *porte des Carrières*. On pourra voir plusieurs écoles coraniques, le long de cette rue; sous la conduite d'un maître, la baguette de cognassier à la main, de nombreux enfants ânonnent les versets du Coran pendant des années avant de savoir par cœur ce livre sacré, qu'ils ne doivent pas chercher à comprendre.

Tout près de la *porte des Carrières*, et, à gauche de la *rue de Paris*, se trouve l'*Ecole des tapis indigènes*. Une cinquantaine de fillettes indigènes, sous la direction de maîtresses françaises, apprennent à la fois à parler le français et à fabriquer des tapis indigènes en laine teinte.

En sortant de l'*Ecole des Tapis*, on parcourera les petites ruelles tortueuses, entre la *rue de Paris* et la *rue Ximénès*.

On rencontrera la *Mosquée de Sidi-Brahim* (peu intéressante) qui est la grande mosquée des Koulouglis. Entrée par la *rue Ximénès* ou par la rue *Sidi-Brahim*. Le *Mausolée de Sidi-Brahim* qui se trouve à côté mérite d'être visité (coupole à 8 pans, murailles ornées d'élégantes arabesques).

Revenant par la *rue Ximénès* et par la *rue de Fez* qui la coupe à angle droit, devant l'*Hôtel de France*, on passera devant l'*Hôtel de la Subdivision*, ancien palais beylical. On descendra le large boulevard qui longe la face extérieure nord-Ouest du mur du *Méchouar*, et, l'on gagnera la *place de la Mairie*, par la *rue de France*.

C. Quartier européen.

Le quartier européen qui se trouve dans la partie nord-ouest de Tlemcen ne présente pas un grand intérêt au point de vue de l'art, de l'architecture et de l'histoire. Le milieu en est occupé par la *place Cavaignac* que traverse le large *Boulevard National*. Dans ce quartier se trouvent : l'*Eglise catholique*, le *Temple protestant*, le *Palais de Justice*, la *Sous-Préfecture*, la *Gendarmerie*, la *Banque de l'Algérie*, le *Collège communal*, les *Postes et Télégraphes*, l'*Ecole arabe française avec le cours d'apprentissage d'indigènes (bois sculptés, cuivres ciselés, cuirs brodés, tissus ornés).*

Dans les fonts baptismaux de l'église catholique se trouve une *belle vasque en porphyre vert* venant de la mosquée de Mansoura.

X. Promenade autour des remparts actuels.

Le Grand Bassin, le cimetière juif et le tombeau du Rabb Anqaoua, Bâb-el-Qarmâdin, Sidi-Lhassen, Sidi-Lhaloui, Agadir, Bois sacré de Sidi Yaqoûb.

(Promenade à faire, de préférence, à pied. Trois heures, environ. Pas très pratique en voiture et à bicyclette).

En sortant de Tlemcen par la *porte de Fez*, on trouve, à gauche, un vaste champ clos (marché aux bestiaux) et, à droite, le *Grand Bassin* qui longe le rempart ouest. On suivra les côtés ouest et nord de ce vaste réservoir, long de 200 mètres, large de 100 mètres et profond de 3 mètres, construit par un roi de Tlemcen de 1318 à 1337. D'après une légende, le Grand Bassin était destiné à distraire la fille d'un roi de Tlemcen qui venait s'y baigner. Il est possible aussi qu'il avait un but agricole.

En laissant le Grand Bassin derrière soi, on arrive à la *Porte d'Oran*. En suivant la grande route de Tlemcen à Hennaya, on trouve à environ 500 mètres l'ancien *cimetière israélite*; en face, on visitera le tombeau du *Rabb Anqoua (lieu de pélèrinage)*. En revenant sur ses pas, au croisement de trois routes, on aperçoit un amas de ruines : ce sont les restes d'une de portes de l'ancien rempart *(Bâb-el-Qarmâdine)*.

On se dirigera vers la *porte du Nord*. On rentrera en ville pour aller sortir par la *porte de l'Abattoir*.

Bâb-el-Qarmadîne (XIIe siècle)

On suivra un chemin, à gauche, le long du rempart.

Sur la droite, on trouvera le village nègre dans lequel s'élèvent le *minaret et la mosquée de Sidi-Lhassen* (XVe s.). On passera sous la ligne du chemin de fer et l'on aura une belle vue d'ensemble du village indigène de *Sidi-Lhaloui* et du *minaret* de belles proportions, aux faïences polychromes. Avant d'arriver au village, prendre le petit sentier à gauche qui conduit sur un

Village et Minaret de Sidi Lhassen

tertre qu'ombrage un caroubier ; c'est là que se trouve le *mausolée de Sidi-Abou-Abd-Allah-ech-Choûdsi,* aucien cadi de Séville, surnommé Lhaloui par les enfants, parce qu'il vendait sur la place publique des pâtisseries (haloua). A l'entrée du village : *grottes* peu profondes et humides servant de demeure aux pauvres gens. Plus bas se trouve la *mosquée très intéressante* qui date du milieu du XIVe siècle. On remarquera le *portail de l'entrée* avec son auvent supporté par treize consoles finement sculptées. La *salle de prière* est divisée en cinq nefs. Les arceaux en fer à cheval des travées reposent sur de fines colonnes d'onyx surmontées de chapiteaux délicats. Les arabesques des murs présentent une décoration très riche. Les plafonds sont en bois ouvragé. Près de la mosquée les latrines dont la porte est abritée par un joli auvent en bois sculpté ; elles sont recouvertes d'une coupole à douze pans avec ornementation en plâtre à l'intérieur.

Mausolée - Mosquée et Village de Sidi-Lhaloui

On reprendra le chemin par lequel on est arrivé et on s'engagera dans le sentier à gauche, avant d'arriver à la voie ferrée. Au bout de 20 minutes de marche,

1. Minaret de Sidi-Lhassen.
2. Mosquée de Sidi-Lhaloui.
3. Tombeau de la Princesse au bois sacré Sidi-Yâqoub
4. Tlemcen. — Cour intérieure de la Grande Mosquée.
5. Mauresques Tlemceniennes.
6. Dans la Campagne Tlemcenienne

au-dessus des anciens remparts de pisé, au milieu de beaux jardins, on rencontrera des restes de remparts croulants, couronnant un escarpement, qui représentent l'ancienne *Bab-el-Aqba (porte de la montée)*. En contre-bas, dans un ravissant paysage le *Mausolée de Sidi-Daoudi*, le premier patron de Tlemcen.

On prendra le chemin à droite qui va rejoindre *Agadir* et le *majestueux minaret* élevé sur l'emplacement de l'ancienne Pomaria romaine.

Le tombeau de la Princesse au bois sacré de Sidi-Yâqoûb

On reviendra sur ses pas et l'on s'engagera dans le chemin à droite jusqu'à la rencontre d'un carrefour ; on prendra la route à gauche et l'on arrivera au *Bois sacré de S. Yâqoûb*, vaste pelouse ombragée par de gigantesques térébinthes. On remarquera trois monuments funéraires : *le tombeau de la Sultane*, à demi ruiné, le plus intéressant au point de vue artistique; *le tombeau de Sidi Yâqoûb*, extrêmement simple, dans une cour carrée à ciel ouvert; *la qoubba de Sidi-Louahb ben Monabbih*, bien entretenu.

Pour le retour à Tlemcen par la *porte Bou*

Médine, suivre, dans la direction de l'est, le sentier qui traverse le bois et qui rejoint la route nationale de Saf-Saf à Tlemcen.

Les touristes qni n'auront pas le temps de parcourir entièrement cet itinéraire devront au moins visiter *Sidi-Lhaloui* et *Agadir*; dans ce cas l'aller et le retour se feront par la *porte de l'Abattoir*.

Mausolée de Sidi-Louahb et Bois sacré

XI. Les environs de Tlemcen

A. **MANSOURA. — Le mausolée de Lalla Setti; le Moçalla; Bab-el-Khemis; l'ancienne enceinte, le minaret de la Mosquée; le Palais de la Victoire.**

(De Tlemcen : 2 kilom. 6; en voiture : 5 francs; à pied : 2 h.; très pratique à bicyclette).

A 150 mètres de la *porte de Fez*, à droite, s'élève le blanc *mausolée de Sidi Bou Djemaâ*, et un peu plus loin, à gauche, la *Qoubba turque de Baba-Sâfir*. A 600 mètres de la porte, au sommet d'une bande de rochers nus, se trouve le *tombeau de Lalla-Setti*. Au pied du tombeau, à mi-côte, sur une table rocheuse, sous laquelle s'ouvrent des grottes naturelles habitées, apparaissent les ruines du *Moçalla* (ancien lieu de prière des habitants de Mansoura). Entre ces grottes et la route nationale, on voit des pans de murailles en pisé qui aboutissent près d'une porte en briques : c'est *Bab-el-Khemîs (la porte de l'Armée)*. A 400 m. environ de cette porte, on entre dans l'enceinte de l'ancienne *Mansoura* (la Victorieuse). Les importants vestiges des remparts en pisé, formant un quadrilatère d'environ quatre kilomètres de développement, marquent la place où le sultan mérinide de Fez établit son camp en mai 1299. Pour bien marquer sa décision de ne pas lever le siège, avant la prise de Tlemcen, il fit construire un palais pour sa résidence, des bains, des caravansérails, ainsi que la *Mosquée* dont les ruines sont encore imposantes aujourd'hui (voir histoire).

A 600 mètres de l'embranchement des routes de Mansoura et de Marnia, on trouve le majestueux *minaret* de 40 mètres de hauteur. La légende populaire explique la chute de la moitié postérieure du minaret. La partie disparue aurait été construite par un maçon juif, tandis que l'autre serait l'œuvre d'un bon musulman.

La moitié qui reste du minaret est un spécimen imposant, élégant et hardi de l'architecture moresque dans l'Afrique du Nord.

A la base du minaret s'ouvre la porte (particularité que l'on ne retrouve dans aucune autre mosquée tlemcénienne) dont la partie supérieure dessine une *belle arcade moresque* reposant sur deux colonnes en marbre blanc. Au dessus, élégant *auvent* sous lequel on distingue une décoration à stalactites du goût le plus délicat et des consoles finement ciselées. De la mosquée, il ne reste plus que des pans de murailles en pisé formant une enceinte rectangulaire d'environ 100 mètres sur 60. L'emplacement du mihrab se retrouve aisément au milieu de la face sud.

Ruines de la Mosquée de Mansoura

Par la route qui passe à l'ouest de la mosquée on se rendra directement au village de colonisation de *Mansoura*. En traversant le village de l'ouest à l'est, on trouve les traces de l'ancien *Palais de la Victoire*, marquées par quelques pans de murs, une tour à demi ruinée et deux bassins. Si l'on quitte le village, en se dirigeant sur la route de Sebdou, à 300 ou 400 mètres, on a un *panorama superbe* de Mansoura et de Tlemcen. A moins d'un kilomètre de Mansoura, on visitera le village des *Beni Bou Blâne* dont les habitants ont pour demeure des grottes et des gourbis rustiques.

On reviendra à Tlemcen directement ou, si l'on veut faire à pied une charmante promenade, on prendra le chemin qui passe au-dessus de l'usine électrique et longe l'ancien rempart, puis traverse des jardins et rejoint la route entre *Bab-el-Khemis* et la *porte de Fez*.

***B*. EL-EUBBAD (Bou-Médine) : Bît-er-Rîch ; le cimetière musulman ; le caroubier sacré ; mausolée d'Abou Ishâq et Taïyar ; le village ; le tombeau de Sidi Bou-Médine ; la mosquée ; la médersa ; El-Kalaa.**

(Promenade à faire, de préférence, à pied : les voitures doivent s'arrêter à 200 mètres à l'entrée du village. Durée : 2 h. 1/2).

On sortira de la ville par la *porte Bou-Medine*. Arrivé à 150 mètres de la porte, on prendra le chemin à droite. On traversera le pont de pierre à l'entrée duquel se trouvent les ruines des ouvrages qui défendaient l'entrée du pont : *Bît-er-Rîch* (la Maison des plumes : les musulmanes qui ont offert aux marabouts des sacrifices de poules, viennent y jeter quelques plumes de la victime). En suivant la route, on trouvera un second ponceau. A droite le *cimetière musulman* bordé de cyprès et de haies de cactus. On y trouve plusieurs mausolées de saints personnages ; celui de *Sidi-Mohammed Senoussi*, qui

Anciens Cimetières Musulmans entre Tlemcen et Bou-Médine

est une sorte de maison carrée recouverte de tuiles vertes, est le plus vénéré. Sur certaines tombes, on a placé une petite cuvette ou un petit godet que l'on remplit d'eau de temps à autre. C'est, dit-on, pour les oiseaux du ciel et cette coutume remonte à une vieille croyance païenne de la transformation de l'âme en oiseau, après la mort.

A 150 mètres de la porte du cimetière, on remarquera *un caroubier* qui est l'objet d'un culte assidu de la part des musulmanes; en guise d'ex-voto, elles déposent, sur son tronc, des pierres ou suspendent à ses branches un morceau d'étoffe ou quelques brins de laine.

Du caroubier, deux chemins conduisent à *Bou-Medine*, celui de droite passe au pied du mausolée de *Sini-Snoussî* et conduit à une qoubba élevée sur une éminence au sud-ouest du village en l'honneur de Sidi Abdelqader el-Djilâni; on prendra celui de gauche et l'on arrivera au *mausolée*, délabré mais élégant du *saint Abou Ishâq-et-Taïyar*, illustre marabout qui avait le don des miracles et notamment la faculté de voler comme un oiseau, de là le surnom d'et-Taïyar (le volant).

Il reste à gravir le sentier rapide, bordé d'arbres, qui conduit à la ruelle principale du pittoresque village de *Bou-Medine*. Dans la mosquée célèbre, construite en 1339, tout est à voir.

On visitera d'abord le *tombeau de Sidi Bou-Médine* (on fournit des babouches, rétribution au gardien). Après avoir descendu huit marches, pavées en petits carreaux vernissés, on arrivera dans une cour carrée et couverte. Les murs sont ornés de tableaux encadrés (plan de la Kaaba de la Mekke,

Bourraq, la jument ailée du Prophète). A gauche de l'escalier se trouve le *puits sacré*, dont la margelle d'onyx est fortement entaillée par le frottement de la chaîne. A droite, la porte de la *chambre sépulcrale* encadrée de bandes de plâtre sur lesquelles figurent des inscriptions. Dans la qoubba, très sombre, se dressent deux *cénotaphes* recouverts d'étoffes de soie : celui de droite abrite le tombeau de *Sidi Bou-Medine* celui de gauche le tombeau de *Sidi Abdesselem et-Tounsi*. Cette pièce est remplie d'ex-voto : étendards en soie, lustres, cierges, œufs d'autruche, riches tentures, tableaux de Bouraq, etc.

De la qoubba, on ira visiter la *Mosquée* (changer de babouches). Entrée luxueuse par l'ensemble des œuvres d'art qui décorent le portail extérieur, la voûte du porche et la porte monumentale.

Le premier portail, en fer à cheval, garni d'arabesques en briques vernissées, est encadré dans un vaste rectangle tapissé de mosaïques. Le plafond de la voûte est formé d'une *coupole à alvéoles* du plus heureux effet décoratif. La porte monumentale à deux battants, aux lamelles de bronze finement découpé, est une véritable œuvre d'art. La légende raconte que cette porte, jetée à la mer par un roi musulman espagnol, fut miraculeusement apportée par les flots jusqu'au village d'El-Eubbad.

La *cour de la mosquée* est à peu près carrée $10^m \times 11^m$). La *salle de prière* ($19^m \times 15^m$) est formée de cinq nefs supportées par des piliers maçonnés. Les murs sont couverts d'arabesques en plâtre. Une coupole ajourée, garnie de vitraux de couleur, couvre la travée qui précède le *mihrab ;* celle du mihrab est à stalactites.

On franchira les 92 marches qui conduisent à la plate-forme du minaret aux élégantes proportions et d'une riche décoration céramique : *vue splendide* sur Tlemcen et la vaste plaine étalée à ses pieds.

Après la visite de la mosquée, on ira voir les *latrines* situées à l'orient; elles se composent d'une vaste pièce centrale, surmontée d'un dôme et garnie de bassins d'ablution sur une face et de cabinets sur les autres côtés.

On se rendra ensuite à la *Médersa* qui s'élève sur un monticule et qui est contiguë à la mosquée. Cet édifice représente pour l'Algérie le dernier spécimen des anciennes médersas du moyen-âge. Elle se compose, comme une mosquée, d'une cour et d'une salle pourvue d'un *mihrab*. D'étroites cellules destinées aux tolba (étudiants) s'ouvrent sur la cour. La *salle de prière*, qui est aussi la salle de cours, est carrée et couverte d'une grande coupole en bois. *Un mihrab*

Village de Bou-Médine (vu de l'Est)

s'ouvre dans le mur du fond. La Médersa sert actuellement *d'école coranique* (rétribution à l'instituteur indigène).

On visitera le *village indigène* et l'on se fera montrer des spécimens de broderie sur tulle exécutées par les femmes indigènes. (voir au Bureau du Syndicat d'Initiative)

Retour à Tlemcen par le chemin pris à l'aller ou, si l'on a fait à pied la visite d'El Eubbâd, par *El Kalaa* où l'on trouvera des moulins, des villas pittoresquement accrochées au flanc de la montagne et des bosquets d'une luxuriante végétation. On rentrera à Tlemcen par la *porte des Carrières* ou par la *porte du Sud*.

C. **Porte de Fez; le Moçalla de Mansoura; la qoubba de Lalla-Setti; Aïn-Fouara.**

(Promenade recommandée aux piétons; durée 2 h. 1/2).

On sortira par la *porte de Fez*, on prendra à gauche, à 400 mètres environ de la porte, un sentier qui longe à droite le *Moçalla* (voir ci-dessus) et qui aboutit sur le plateau, auprès de la *qoubba de Lalla-Setti*, sainte femme qui jouit de la vénération des Tlemcéniennes. Le nom de la sainte est composé des deux mots « Lalla » qui en berbère signifie « madame » et « Setti » qui a le même sens arabe.

De la qoubba (1046 m.) : *Vue magnifique* sur Mansoura, dont on découvre l'ensemble, et sur un vaste panorama au delà. On longera ensuite la crête en revenant vers l'est; après avoir cheminé 20 minutes environ, on arrive à une belle source, l'*Aïn-Fouara*, origine de l'*Oued des Moulins*; en suivant le ravin où coule celui-ci, on regagne Tlemcen, après avoir passé près de quelques moulins français.

XII. Excursions dans la banlieue Tlemcénienne

Après avoir visité les curiosités de la ville et de ses environs immédiats, le touriste, désireux de jouir des charmes de la campagne, ne manquera pas de faire quelques excursions dans la banlieue Tlemcénienne.

A. **Les cascades d'El-Ourit** (6 kil. à l'est de Tlemcen).
En voiture (aller et retour) : 8 fr ; durée 1 h. 1/2.
A pied (aller) et en voiture (retour) ; durée 3 h.
A pied (aller et retour) ; durée 4 heures.
Très pratique à bicyclette. Rampes modérées.

Les Cascades d'El-Ourit

La promenade se fait généralement en voiture par une route fort agréable dominant, pendant la dernière partie du parcours, le profond ravin de Saf-Saf.

Pour le touriste un peu entraîné à la marche en montagne, il est préférable de faire l'excursion à pied, au moins à l'aller, et de se faire attendre aux cascades par une voiture, pour le retour. On partira alors par le faubourg d'*El Kalaa* ou par *Bou-Medine* et on rejoindra le sentier qui longe le canal amenant, à El-Kalaa, une partie de l'eau des cascades. Ce sentier, difficile par endroits, passe au pied de belles falaises dolomitiques. Avant d'atteindre la cascade, on arrive à un coude brusque que fait le canal vers le sud. De ce point, le spectacle dont on jouit est impressionnant. On domine d'une grande hauteur le gouffre profond du torrent et les magnifiques escarpements de roches rouges formant le cirque des cascades. On poursuivra sa route jusqu'au pied de la chute supérieure de la rivière. C'est à partir de cet endroit que le cours d'eau qui portait jusque là le nom de *Mefrouch (l'étalé)*, et coulait en plaine, prend celui de *Lourît ou El-Ourît (le gouffre)*.

Pour rentrer à Tlemcen, à pied, on continuera à longer la rivière sur le plateau supérieur jusqu'à une maison à demi ruinée qui s'élève sur la rive gauche; de là, on se dirigera vers le nord pour arriver au sommet (1) de la colline où l'on s'offrira le panorama de Tlemcen et de ses environs, jusqu'à la mer, dont on aperçoit, par beau temps, une large frange bleue vers l'embouchure de la Tafna. Un sentier ramènera à Tlemcen par le faubourg d'*El-Kalaa*.

Si l'on veut revenir en voiture, par la route de Bel-Abbès à Tlemcen, on descendra au pont du chemin de fer par des sentiers rapides. De ce pont, un sentier en lacets, au milieu de jardins pleins d'ombre et de fraîcheur, conduit au pont inférieur.

B. Les villages de colonisation (Bréa, Négrier, Saf-Saf).

(Promenade à faire en voiture; durée 2 h. - Pratique à bicyclette)

Promenade charmante dans un site agréable et sur

(1) De Tlemcen, on arrivera au sommet des crêtes dominant la ville au Sud (environ 1200 m. d'altitude) en montant à la forêt des pins par El-Kalaa et l'ancienne route de Tlemcen à Sebdou.

une route d'où l'on jouit d'un panorama ravissant et qui varie sans cesse.

On quittera la ville par la *porte d'Oran*. A 3 kil. : *Bréa*. Ce village, comme tous les centres de colonisation, n'offre rien de particulier; on le traversera pour prendre le chemin en pente qui le relie à *Négrier*. A trois kilomètres environ, on trouvera, sur la gauche, un sentier conduisant à l'*usine électrique* qui est située dans une gorge profonde de la Saf-Saf. Site pittoresque.

De *Négrier* à *Saf-Saf* on jouira d'un coup d'œil admirable sur Tlemcen, Bou-Medine et la montagne sombre à laquelle elles sont adossées. De *Saf-Saf* à *Tlemcen*, la route monte et traverse une véritable forêt de vieux oliviers.

C. Les villages indigènes (Aïn el-Hoût, Ouzidan).

Aïn el-Hoût. — A 8 kilomètres de Tlemcen, par *Bréa* (en voiture : 12 fr.; à pied, par les chemins de traverse : 2 h. 1/2; pas pratique à bicyclette).

ïn el-Hoût est un gros village indigène, peuplé de marabouts d'origine chérifienne. Il est surtout intéressant à visiter au moment des fêtes religieuses (Aïd-el-Kebir et Aïd-eç-çerir) : les Aissaoua de Tlemcen descendent, bannieres déployées, donner des séances publiques en l'honneur des saints chérifs enterrés à Aïn el-Hoût. A l'entrée du village, un *bassin* renferme des poissons que les indigènes regardent comme sacrés; d'après la légende, une vierge, poursuivie par le fils d'un roi de Tlemcen, se changea en poisson pour lui échapper. Le village est entouré de nombreuses qoubbas dont deux, celle de *Sidi Abdal-*

lah-ben-Mansour, à l'ouest du village, et celle de *Sidi Mohamed ben Ali*, au nord, sont intéressantes.

A une demi-heure environ du village, se trouve une *source d'eau chaude* dans une gorge de la Saf-Saf, sur la rive opposée de la rivière.

Ouzidan. - A une dizaine de kilomètres environ, au nord-est de Tlemcen, par la route de *Tlemcen* à *Négrier* (en voiture : 12 fr. pas pratique à bicyclette).

La rivière Safsaf, près du Village de Négrier (Tlemcen)

Les maisons ne sont pas groupées comme à Aïn el-Hoût ; elles sont bâties dans les jardins bien arrosés. La végétation y est d'une étonnante vigueur et des arbres de toute sorte y donnent en été une délicieuse fraîcheur. Aux environs, nombreuses grottes et cavernes.

Renseignements : *a)* Les deux villages peuvent être visités en une seule promenade circulaire. En sortant du village d'Aïn el-Hoût, les piétons traverseront l'oued à gué pour se rendre à la source d'eau chaude et gagneront directement Ouzidan, en 45 minutes environ. Si l'on est en voiture, d'Aïn el-Hoût, on rebroussera chemin vers le sud, pour gagner par le chemin indiqué ci-dessus, le hameau de Négrier.

b) En prenant à Tlemcen une voiture pour la journée, on pourra aisément visiter les trois villages européens (Bréa, Négrier et Saf-Saf) et les deux villages indigènes (Aïn el-Hoût et Ouzidan). On verra dans la matinée Saf-Saf, Négrier, Ouzidan et l'on ira déjeûner à Aïn el-Hoût avec des vivres emportés de Tlemcen. Après le déjeûner, on fera à pied la promenade à la source d'eau chaude et l'on rentrera à Tlemcen par Bréa.

D. **Les Grottes d'Aïn-Fezza.**

Les grottes se trouvent à 16 kilomètres de Tlemcen et à 5 kilomètres du village d'Aïn-Fezza; le chemin qui y conduit n'est praticable aux voitures que sur 3 kilomètres à partir d'Aïn-Fezza. L'excursion, qui demande une demi-journée, peut se faire :

a) par le train de *Tlemcen à Aïn-Fezza* et à pied ou à cheval d'*Aïn-Fezza aux grottes*;

b) en voiture de Tlemcen à 3 kilomètres au-delà d'Aïn-Fezza et à pied ou à cheval ensuite (Parcours très pittoresque. Cascades d'El-Ourit);

c) à bicyclette comme précédemment. Rampes modérées.

Les grottes d'Aïn-Fezza appelées grottes des *Beni Ad* ou *des Ahl el-Ouêd* s'ouvrent par un large et bas couloir en pente qui débouche dans une première salle souterraine de belles dimensions. Deux autres salles sont reliées à cette salle d'entrée par d'étroits passages. Les nombreuses stalactites et stalagmites et les piliers naturels formés par les dépôts calcaires sont du plus bel effet. A la lueur des flammes de Bengale on voit des concrétions de toute beauté.

Les indigènes, impressionnés par la nuit éternelle de ces profondes cavernes, font de cette grotte la demeure d'êtres malfaisants; ils n'y pénètrent pas sans une certaine appréhension.

Le Syndicat d'initiative de Tlemcen s'est occupé d'éclairer ces grottes, à l'acétylène, et les a aménagées pour la visite. Les touristes trouveront au bureau du Syndicat tous les renseignements nécessaires concernant la visite des grottes (droit d'entrée, guides, moyens de transport, etc.)

XIV. Excursions en automobile dans la région de Tlemcen (1).

Les personnes séjournant à Tlemcen ont à leur choix plusieurs promenades fort intéressantes à faire dans les environs. Le pays est pittores-

Dans la campagne Tlemcénienne

(1) On peut faire ces excursions en automobile, bicyclette, autocars (s'adresser pour les jours de départ et les itinéraires au Bureau du Syndicat d'initiative) ou en voiture à chevaux; on peut aussi les faire à pied en totalité ou en partie, quand on a le temps, mais dans ce cas, pour coucher en route, il faut se renseigner au Bureau du Syndicat d'initiative.

que, les aspects sont variés et les horizons lumineux et grandioses. Les ressources agricoles, industrielles et surtout minières sont nombreuses et susceptibles de recevoir une utilisation plus rationnelle et plus intense. Aussi, les principaux parcours que nous allons indiquer sont à recommander à la fois aux touristes et aux personnes qu'intéressent les questions économiques. Ces itinéraires qui ont été préparés pour être parcourus en automobile pourront être modifiés et combinés au gré des voyageurs ; le *Bureau de renseignements du Syndicat d'initiative*, installé au Musée de Tlemcen, donnera toutes les indications utiles.

A. **Tlemcen** ; **Marnia (déjeûner)** ; **Nédroma** ; **Nemours** ; **Hennaya** ; **Tlemcen** (1 jour) 178 kilomètres.

Tlemcen à Marnia, en chemin de fer O. A., 2 h.

Tlemcen à Nemours, en autobus, 4 h. (Voir renseignements pratiques).

De Tlemcen à Marmia, route pittoresque : arrivé à 9 kil. *Col du Juif*, belle vue en arrière sur les ruines de Mansoura et Tlemcen, en avant sur la région accidentée et verdoyante des *Beni Mester* et d'*Azelboun*, villages berbères accrochés à la montagne. A 29 kil. *Turenne*, village français très prospère, puis on traverse ensuite la *Forêt de Tameksalet* et l'on franchit la *Tafna* sur un pont, un peu en aval de l'ancienne *Smala de Spahis de Sidi Medjahed*.

53 kil. : *Marnia* (hôtels : de France ; de la Renaissance), petite ville de 4.000 habitants, en territoire militaire (bureau arabe), dans une vaste plaine prolongeant celle d'Oudjda vers l'est. Sur la place, monument élevé à la mémoire des soldats morts au cours

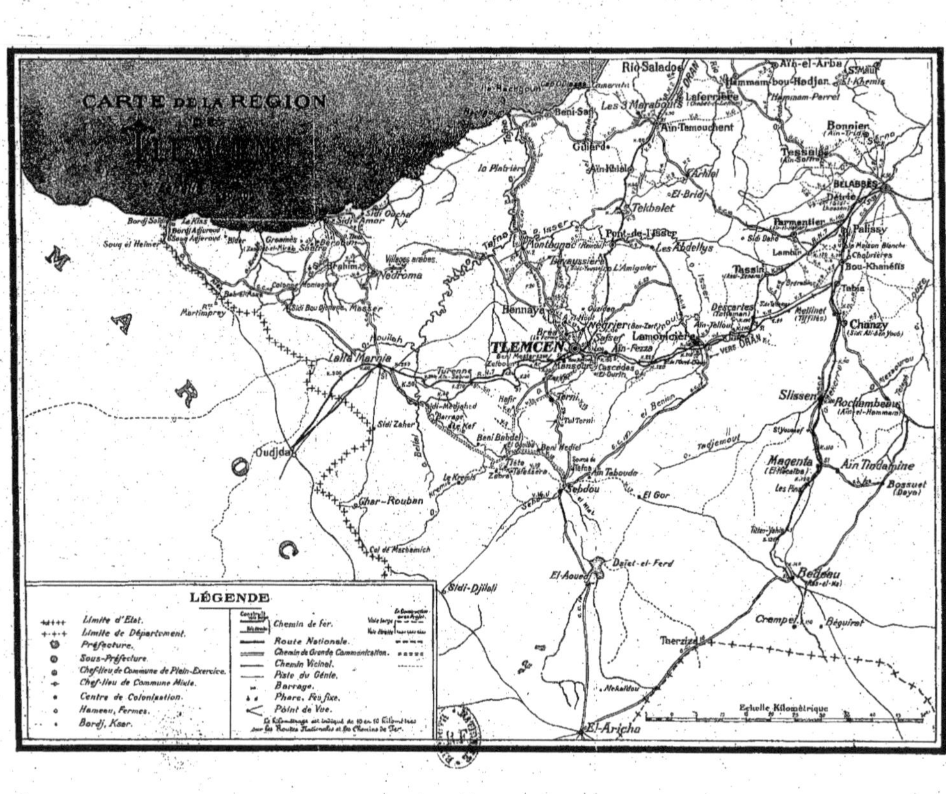
CARTE DE LA RÉGION
DE
TLEMCEN
LÉGENDE
Limite d'Etat.
Limite de Département.
Préfecture.
Sous-Préfecture.
Chef-lieu de Commune de Plein-Exercice.
Chef-lieu de Commune Mixte.
Centre de Colonisation.
Hameau, Fermes.
Bordj, Ksar.
Chemin de fer.
Route Nationale.
Chemin de Grande Communication.
Chemin Vicinal.
Piste du Génie.
Barrage.
Phare, Feu fixe.
Point de Vue.
Echelle Kilométrique
M
A
R
O
C
TLEMCEN
Rio Salado
Aïn-el-Arba
Hammam-bou-Hadjar
Laferrière
Les 3 Marabouts
Aïn-Temouchent
Beni-Saf
Gilard
Aïn Kihal
El-Brid
Tekbalet
Bonnier
Tessala
BELABBÈS
Parmentier
Palissy
Pont-de-l'Isser
Les Abdellys
Tassin
Bou-Khanéfis
Chanzy
Descartes
Lamoricière
Aïn-Tellout
Ain-Fezza
Mansourah
Négrier
Bréa
Hennaya
Pontéba
Turenne
Nedroma
Lalla Marnia
Oudjda
Sidi Zaher
Ghar-Rouban
Col de Machemich
Sidi-Djilali
Sebdou
El Gor
Terni
Beni Bahdel
Sliss en
Rochambeau
Magenta
Aïn Tindamine
Bossuet
Bedeau
Crampel
Béguiret
Tuerziza
El-Aouedj
Daïet-el-Ferd
El-Aricha
Tadjemout
Martimprey
Soug el Helmer
Bordj Soldi
Nemours
Villages arabes
Sidi Amar
Sidi Oucha

des opérations dans les Beni Snassen en 1859, 1907 et 1908.

On prendra la route qui se dirige vers le nord-est. A 4 kil. de Marnia, pont sur la *Mouillah*. A proximité, *sources thermales d'Hammam-Chiger* (bains chauds). La route traverse le massif pittoresque des *Traras* : vue étendue sur la plaine et le massif de Tlemcen. 69 kil.), *Masser* : mines de zinc. A 72 kil., *Bab-Taza*, col à 812 m.; l'on aperçoit à ses pieds, au Nord, les côtes, entre Nemours et Port-Say. Le *coup d'œil* de la mer bleue devant soi est saisissant. On descend par des lacets dans la curieuse petite ville indigène de [84 kilom.] *Nédroma* (6000 habitants dont 150 européens seulement et 800 israélites). « Située sur une plate-forme, elle est toute blanche au milieu des arbres ; l'eau court en abondance à travers les jardins, et de la verdure surgissent des ruines de vieilles murailles et quelques mosquées créant la vision surprenante, au sein d'une montagne sombre, d'une ancienne petite capitale et d'un ardent foyer d'islamisme ». *Mosquées intéressantes de Sidi-Yahia-ben-Aoufine* et de *Sidi-ben-Ali*. Parmi les *industries locales* : fabrication de

Vente de poteries sur une Place à Nédroma
Cliché A. Bel

poteries, de broderies sur tulle, de tissus de laine, de cannes sculptées.

(De *Nédroma*, on peut faire d'intéressantes promenades aux environs dans les montagnes des *Djebala* ou vers le mausolée de *Sidi Youcha* (14 kil.) dans une crique admirable et un site verdoyant et délicieux, et surtout au sommet du *Filhaousen* d'où le colonel *Sever* a fait avec les montagnes d'Espagne les opérations de triangulation pour la mesure du méridien. *Panorama grandiose vue de l'Espagne* par temps clair (1).

A partir de Nédroma, la route suit le cours de la rivière l'*Oued Tlata* ou *Oued-el-Marsa* qui coule dans des gorges. Sur la gauche, villages indigènes campés à flanc de coteau. A hauteur du dernier, au kilom. 94, monument du *Tombeau des Braves* élevé au point où furent massacrés les survivants de *Sidi-Brahim* en retraite sur Nemours.

NÉDROMA — Le Marché de la viande
Cliché A. Bel

(1) Pour les excursions autour de Nédroma, il faut les préparer à l'avance avec le concours toujours dévoué de l'Administrateur de la Commune, ou de M. Sahut, négociant.

101 kil. *Nemours* (hôtel de France), petite ville qui fait un assez grand commerce d'exportation en grains et laines, sardines, bois de sumac. Des travaux sont en cours pour l'aménagement du port. Sur le quai, *monument* commémoratif de l'affaire de Bab-el-Assa.

Dans toutes les montagnes voisines de Nemours-Nédroma sont d'importants gisements de minerais variés, de marbre-onyx. Les plantes sauvages sont abondantes et beaucoup mériteraient d'être ramassées en grand pour la pharmacie et la teinture. Mais la ligne de chemin de fer depuis longtemps projetée entre Nemours et Marnia n'est pas encore construite, malgré le haut intérêt économique qu'elle offre dans ces riches régions presque inexploitées.

De *Nemours* on reviendra à *Nédroma*. On prendra la route qui se dirige vers l'est et qui gravit le flanc nord du *Djebel Filhouasen*, jusqu'au col de l'*Aïn-el-Kebira* (la grande source). On traversera des villages indigènes pittoresquement accrochés au flanc de la montagne. A gauche, avant de descendre sur la plaine, on remarquera la *zaouia de Si Mohammed Derwiche* (de l'ordre des Tayibiya) avec son *école coranique* et des logements d'étudiants. 50 kil., Pont sur la Tafna. La route se développe en plaine jusqu'à 68 kil. *Hennaya* (voir excursion *B*). Elle se dirige ensuite vers le sud et monte de façon continue sur plus de 10 kil. Avant d'arriver au village de colonisation de *Bréa* (74 kil.) qu'on laisse à gauche, *belle vue* sur Tlemcen. On entrera en ville soit par la *porte du Nord*, soit par la *porte d'Oran*.

B. **Tlemcen ; Hennaya ; Montagnac ; Beni-Saf ; Aïn-Témouchent (déjeûner) ; Pont de l'Isser ; Tlemcen** *(*160k.*)*

Tlemcen à Beni-Saf, en autobus (service quotidien : 4 heures).

Tlemcen à Montagnac, en voiture publique (service quotidien) : 3 heures.

Tlemcen à Aïn-Témouchênt, en autobus (service quotidien) : 4 heures.

11 kil. *Hennaya* (2700 habitants dont 1000 européens), village agricole, dans une région riche et productive. *Vieux minaret* ruiné dans le quartier indigène.

25 kil. *Montagnac* (900 habitants) chef-lieu administratif de la commune mixte de Remchi. Région agricole. A 35 kil., au N.-O., mines de *Ghar el Maden* intéressante exploitation et ancien port musulman de *Honein* (prospère au XIVe siècle) ; on fera l'excursion à cheval et l'on traversera les curieux territoires berbères des *Beni Ouarsous*, des *Beni Khallad* et *Beni Abed* faisant partie de la confédération *des Traras*.

On descend le cours de la Tafna. 45 kil. *Gorges de la Tafna :* long défilé pittoresque. La route s'éloigne de la Tafna et appuie à l'est.

68 kil. *Beni-Saf* (hôtel modeste), gros village de 4500 habitants, dont 3000 enropéens. Il est entièrement peuplé par des ouvriers et des employés de la compagnie minière de *Mokta-el-Hadid* (mines de fer). Son port, encadré par de belles falaises, ne sert qu'à l'exportatisn du minêrai de fer, extrait en grosses quantités dans les environs. Il servira de débouché aux produits de la plaine fertile d'Hennaya lorsque la voie

ferrée de Tlemcen à Beni-Saf, actuellement en construction, sera très prochainement terminée.

(De Beni-Saf, on pourra visiter la mine et faire une promenade agréable le long de la côte, à l'ouest jusqu'à l'embouchure de la Tafna. Sur la rive droite de la rivière, se trouvent des hauteurs sur lesquelles Bugeaud avait installé son camp. C'est en face de cette embouchure que se trouve l'*île de Rachgoun*, où il y a un phare de 2e ordre et une caserne de douanes. Le site est joli. Il y a une *vaste et belle plage*, excellente pour les bains de mer.)

De *Beni-Saf* on se rendra, par une route accidentée par endroits et pittoresque, à 98 kil. *Aïn-Témouchent* (hôtels), petite ville très active et très attrayante, fière de son vignoble qui s'étend sur d'admirables terres volcaniques, à mi-chemin entre Tlemcen et Oran.

Après avoir traversé la chaîne des *Seba-Chioukh*, on arrive à, 116 kil., *Aïn-Tekbalet* : importantes carrières d'onyx d'où l'on a extrait la belle matière des fûts et chapiteaux tlemcéniens (XIVe siècle), de l'escalier principal ds la Mairie d'Oran et de celui de l'Opéra de Paris. Du plateau sur lequel on se trouve, *vue admirable* sur la vallée de l'Isser et sur Tlemcen.

128 k. *Pont-de-l'Isser*, village de 650 habitants. Belles orangeries.

Le pays que l'on traverse ensuite est dépourvu d'arbres. La vue de Tlemcen en fait le principal intérêt. On longe pendant quelques moments l'*Oued Amiguier* puis on arrive au *Pont de Mascara* sur l'*Oued Safsaf* à 7 kil. de Tlemcen. A partir de là la végétation devient luxuriante et c'est à travers une forêt de vieux oliviers que l'on gravit les derniers lacets de la route amenant à Tlemcen. L'impression de verdure et de fraîcheur que l'on ressent en approchant par là de Tlemcen avait fait baptiser « Bois de Boulogne » ces bosquets délicieux par les Parisiens des colonnes françaises qui entrèrent à Tlemcen en 1842.

C. **Tlemcen; Sebdou; haute vallée de la Tafna; Azaïls; le Kef; Marnia; Turenne; Tlemcen.** 145 kilom. (Durée : 1 jour; emporter des provisions pour le déjeûner).

Tlemcen à Sebdou, en voiture publique (service quotidien) : 4 h. 1/2.

A 2 kil. 5 on trouvera le village de colonisation de *Mansoura* dans la verdure jusqu'au km 3, 5, et l'on voit à sa gauche le village de *Beni Bou Blane* (voir ci-dessus). On arrive bientôt (5 kil. 5) à la *forêt de Zarifet* (chênes-liège, chênes verts et chênes zéens) : immense panorama sur le nord, vue en surplomb sur le village berbère d'*Aïn-Douz* (très belle le matin). A 9 kil. on atteint le *Col de Zarifet* (1285 m. d'altitude) puis on descend jusqu'au *Pont du Mefrouche* et la côte reprend aussitôt. *Terni* (13 kil.) est un petit hameau français au pied de la *Forêt d'Aïn Ghoraba*, dans laquelle la route pénètre bientôt entre des falaises dolomitiques et des calcaires tout percés de grottes.

La route passe au point culminant (1450 m. d'alt.; maison cantonnière de *Talterni* et col, à 19 kil.) d'où la vue s'étend vers le sud sur le *Djebel Tenouchfi* (1843 m.) et les *Hauts-Plateaux d'El Aricha*.

La maison cantonnière du kil. 28 est à 300 m. de la source de Tafna, dans une grotte, au pied même de la *maison forestière* de *Merchiche*. Par les temps secs, la Tafna coule en sous-sol jusqu'à deux ou trois cents mètres de la grotte et n'émerge qu'un peu plus bas.

La route, peu après la maison cantonnière, descend en lacets par *Les Moulins* actionnés par l'eau de la Tafna, jusqu'au *Pont de la Tafna* (36 kilom.) et remonte légèrement jusqu'à Sebdou (37 kil.). Le parcours est aussi varié d'aspects que sauvage et pittoresque, les croupes des montagnes dominant la plaine de Sebdou séparées par des vallées s'avancent comme des éperons de navires de guerre; de loin, ces sommets ont vaguement l'aspect d'énormes statues de personnages fantastiques assis et regardant Sebdou, c'est peut-être ce qui les a fait surnommer les *Douze Apôtres*.

De *Sebdou* (930 m. d'alt.), ancien poste militaire, actuellement centre de commerce de bestiaux, de charbon de bois et de laines, où l'élevage et la colonisation s'implantent difficilement, on redescendra par une route de tourisme commencée pendant la guerre entre Sebdou et Marmia (longueur 55 kil.) et achevée en 1920-1921.

Laissant la Tafna constamment sur sa gauche à partir du *pont de la Tafna*, pendant 22 kil., on suit une vallée assez étroitement encaissée entre des montagnes boisées et pittoresques.

A 12 kil. de Sebdou, on laisse à droite, près de ses Saints protecteurs dont les blancs monuments tranchent sur le front sombre de la forêt, le petit village indigène de *Matmore Beni Hediyel*. A partir de là, la vallée s'élargit de plus en plus. C'est la *Plaine des Azaïl* dans laquelle sont bâtis quatre villages indigènes importants et très anciens.

On remarquera à droite sur les croupes Sud-Ouest de la *Forêt d'Hafir*, sur un rocher abrupt dominant

Mosquée et partie du Village de Tafessera (Azaïl)
Cliché A. Bel

toute la plaine comme un château du moyen âge, la maison d'un ancien caïd c'est l'*Oguiba* « la montée ».

Un peu avant le *Pont du Moulin* qui est à 22 kil. de Sebdou, on atteindra la piste de Tlemcen aux *Beni-Snous* par *Hafir*. On franchira la Tafna sur le *Pont du Moulin* et l'on pourra déjeûner là avant d'avoir passe le pont, dans un bosquet à gauche.

On visitera les deux villages de *Zahra* (à 2 kil. 5

du Pont; on peut y arriver en auto) et de *Tléta* (ancienne mosquée, élégant minaret, ruelles et maisons fort curieuses) où l'on se rendra à pied. Si l'on a du temps, on peut aller à pied voir à 2 kil. 5 de là, vers l'est, le village indigène de *Tafessera* (mosquée et sanctuaire curieux), vieux village dont parle Léon l'Africain.

Reprenant le route de Marnia, on traverse à gué l'*Oued Khemis* (61 kil.), gros affluent de gauche de la Tafna, d'un débit au moins aussi considérable que celui de la Tafna elle-même. Il descend du pays montagneux des *Beni-Snous*, dont les nombreux et actifs villages berbères s'échelonnent le long de la *vallée du Khemis* sur 30 kil. en amont. Bientôt, sans doute, une route suivra cette admirable vallée du Khemis et permettra aux touristes d'aller visiter ces villages où les femmes berbères tissent les nattes d'alfa et de laine dont on admire le décor dans nos mosquées de Tlemcen, aux industriels d'exploiter les mines de manganèse de ces montagnes. Pour le moment, l'on accède à ces villages à cheval par des pistes et des sentiers et la sauvage beauté du pays, l'aménité des

Mosquée et partie du Village de Tlêta (Azaïl)

Cliché A. Bel

habitants perdus, loin des villes, dans leurs repaires rocheux, font que nul ne saurait regretter une chevauchée dans ces curieuses régions.

Après avoir franchi le *gué du Khemis*, l'auto poursuit sa route, laissant, à droite, la Tafna sur la rive droite de laquelle un village tout entier, *Beni Bahdel*, apparaît dans des grottes surplombant à pic la rivière à 80 mètres de hauteur.

Puis on arrive à une gorge dans laquelle la Tafna sera bientôt barrée et donnera une haute chute pour produire de la force électrique que l'on se propose d'envoyer à Oran.

En sortant de ces gorges, la route, toujours sur la rive gauche de la Tafna, passe devant le village berbère du *Kef* (72 kil. de Tlemcen) au pied du rocher à pic qui lui a donné son nom.

Avant d'atteindre la grande plaine de Marnia, on passe encore auprès du *Barrage d'irrigation*, en aval du Kef, puis non loin de la *Smala de spahis de Sidi Medjahed* (83 kil.) et l'on rejoint la route de *Tlemcen à Marnia* à 2 kil. de cette dernière (Pour le retour de Marnia à Tlemcen, voir ci-dessus *A*.).

D. **Tlemcen ; Hafir ; Azaïls ; Sebdou ; Talterni ; Zarifet ; Tlemcen** (92 kil. Durée : une demi-journée).

Même itinéraire que ci-dessus jusqu'à *la maison cantonnière de Zarifet*. Là, prendre la route à droite qui conduit à *Hafir* (18 kil.). On s'arrêtera devant la *maison forestière* qui domine une large clairière et une *belle source*. Les forestiers donneront tous les renseignements qui pourront intéresser les touristes. Du *col d'Hafir*, *vue splendide* sur la haute vallée de la Tafna. En descendant, à travers la forêt, vers la gorge profonde dans laquelle coule la Tafna, on découvrira, vers l'ouest, un paysage saisissant par sa beauté sauvage et sa grandeur majestueuse. A *El Oguiba* « la montée » (24 kil.) aller jusqu'à la *maison de l'ancien caïd*, sorte de nid d'aigle auprès de deux belles sources, au sommet d'un haut rocher dominant la *plaine des Azaïl et la Tafna ;* admirable coup d'œil.

A 31 kil., *Pont-du-Moulin* d'où l'on ira visiter les *villages des Azaïl* (voir excursion *C.*) et l'on rentrera par *Sebdou* et *Talterni*, en suivant la route indiquée en sens contraire dans l'excursion précédente.

Pour cette excursion, éviter la pluie et attendre que les pistes soient sèches, pour l'automobile. On se gardera de faire le trajet *(D.)* en sens contraire, à cause des fortes pentes entre le Pont-du-Moulin et Hafir.

E. **Tlemcen; Oudjda; Beni-Snassen et retour par Oudjda.** Durée minimum : 2 jours.

Variantes pour retour :

a) **Beni-Snassen; Port-Say; Nemours; Nedroma; Hennaya ; Tlemcen ;**

b) **Beni-Snassen ; Port-Say ; Marnia ; Tlemcen.**

On peut se rendre à *Oudjda* par *Marnia* soit par le chemin de fer (83 kil.), soit par la route, en autobus (84 kil.) ou en automobile.

Oudjda (hôtels, garages d'autos), ville fortifiée de 20000 habitants, dont 9000 européens et 2000 israélites, est la première ville marocaine sur la *route de Taza-Fez-Rabat.* Elle est entourée d'une enceinte en pisé et se divise en quatre quartiers aux rues étroites et tortueuses. Le *camp* est installé en dehors des murs, à 1 kil. environ S.-O. A proximité de la *porte de Fez* qui y conduit, on remarquera plusieurs villas mauresques de style moderne. Oudjda est entourée de beaux jardins plantés d'oliviers et d'arbres fruitiers.

Environs : *a) Sidi Yahia* (3 kil. S.). Site pittoresque avec le marabout, la source, les palmiers et les terébinthes.

b) Champ de bataille de l'Isly (6 kil. O.).

c) Massif de Beni-Snassen. Très pittoresque. Ce massif peut être parcouru commodément, en automobile, par la *route de la Boucle* qui en fait le tour, à l'est, par le col de *Guerbouz* (45 kil.), *Martimprey du Kiss* (60 kil.), *Aïn-Reggâda* et (65 kil.) *Berkane.* De *Berkane* on peut rejoindre *Oudjda* (75 kil.) par une piste praticable aux autos par le col de *Taforalt* (22 kil.) et *Aïn-Sfa* (54 kil.). Ce trajet, à partir d'*Oudjda*, représente un parcours de 140 kil.

(L'excursion gagnera en intérêt si l'on parcourt à cheval le trajet *Berkane-Taforalt* par les admirables *gorges du Zegzel*, tout en ne demandant qu'un jour.)

Les voyageurs qui ne voudront pas revenir à *Oudjda* pourront parcourir les *Beni-Snassen* en sens inverse : *Oudjda, Taforalt, Berkane.* De *Berkane*, on rejoindra *Port-Say* (25 kil.) en traversant la *plaine des Triffa*, en grande partie colonisée. Les *gorges de l'Oued-Kiss* (20 kil.) sont très pittoresques.

Port-Say (hôtel), à l'embouchure du Kiss, centre français et petit port. En face, sur la rive gauche du Kiss, marché marocain d'*Adjeroud.*

De *Port-Say*, on peut rentrer à *Tlemcen* par *Marnia* (139 kil.) ou par *Nemours-Nédroma-Hennaya* (119 kil.). Ce dernier parcours est recommandé. En partant de *Port-Say*, on suit la route de Marnia sur une longueur de 35 kil. On longe l'*Oued-Kiss* par la rive droite. A droite, piste carrossable traversant l'oued et se raccordant à *Martimprey* à la *route de la Boucle* (voir ci-dessus). 29 kil. *Bab el-Assa*, col célèbre par l'incursion des Marocains en territoire algérien en 1907. A environ 34 kil. de *Port-Say*, on abandonne la route de Marnia et on prend la route à gauche. A 9 kil. de la bifurcation, *colonne Montagnac*,

Village de Zahra (Azaïl) - Dans les Jardins

monument commémoratif du premier combat dans lequel furent surpris et décimés, par Abd-el-Kader les soldats que commandait le colonel Montagnac. A quelque distance de là, sur la droite de la route, *marabout de Sidi-Brahim* où se réfugièrent les survivants. Non loin de Sidi-Brahim, se trouve le *marabout de Sidi-Tahar*, c'est là qu'Abd-el-Kader se rendit au général de Lamoricière.

60 kil. Nemours.

(De Nemours à Nédroma, Hennaya et Tlemcen [voir l'excursion *A*.]).

F. **Tlemcen ; Sebdou ; Lamoricière ; Oued-Chouly ; Aïn-Fezza ; Tlemcen** (121 kil. ; une demi-journée).

De *Tlemcen* à *Sebdou* (38 kil.) [voir excursion *C*.].

La route passe, en partant de Sebdou, dans la vallée des *Beni-Smiel* et longe l'*Oued-Isser* dans son cours supérieur.

Lamoricière, 87 kil. (hôtel), bourg de 1800 habitants dans un pays riche et bien arrosé, à 715 m. d'altitude, où s'élevait jadis l'ancienne ville romaine d'Altava. L'*Isser* descend en cascades à l'ouest du village.

La route franchit l'Isser puis s'élève. 99 kil. *Oued-Chouly*, nom d'un affluent de gauche de l'Isser. Dans la vallée de l'Oued-Chouly se trouvent des carrières de marbre onyx et des minerais de zinc non encore exploités. 110 kil., *Aïn-Fezza*, station de chemin de fer, petit village. Belle source à l'E.-N.-E.; la route est agréable dans un cadre de montagnes et de vallées peu ou pas ouvertes à la colonisation européenne. D'Aïn-Fezza à Tlemcen le panorama est admirable avec la ville et la plaine de Tlemcen devant soi. On contourne le profond ravin de la Saf-Saf en passant au pied des rochers qui forment le majestueux *cirque des cascades d'El Ourit* [voir ci-dessus *A*., chap. XII]. 121 kil., Tlemcen.

G. Tlemcen ; Lamoricière ; Les Abdellys ; Pont-de-l'Isser (95 kil).. Variante : Retour par Les Abdellys; la Zediga 85 kil. environ .

De Tlemcen à 31 kil. Lamoricière [voir excursion *F*.]

De là on prend la route à gauche et l'on traverse une région fertile où domine surtout la culture du blé ; on y trouve des vignes et des oliviers et il s'y fait aussi de l'élevage. 53 kil. *Les Abdellys*, village de colonisation récemment fondé par l'achat par l'Etat d'une propriété privée d'environ 2500 habitants (ancienne propriété du général Clinchant) centre agricole très prospère. A 500 m. du village, au nord, à droite de la route, sources chaudes (piscine). 63 kil., *Pont-de-l'Isser*.

De *Pont-de-l'Isser* à 95 kil. *Tlemcen* [voir excursion *B*.].

Au lieu de revenir par *Pont-de-l'Isser*, on peut prendre la route à gauche, à environ 1 kil. avant d'arriver au village des *Abdellys*. On traversera la riche plaine d'alluvions des *Beni-Ouazzan* où l'on trouve de belles exploitations agricoles. La vue de cette route est bien plus intéressante que de celle de *Pont-de-l'Isser* à *Tlemcen*.

Après avoir laissé à sa droite la source de *Zediga* (à 18 kil. de Tlemcen) et l'importante ferme qui l'avoisine, on rejoindra la route nationale de *Pont-de-l'Isser* à *Tlemcen*, à 4 kil. environ du *Pont de Mascara* (sur l'*Oued Saf-Saf*).

De Tlemcen à Aïn-Témouchent, en autobus (1 service quotidien) : 4 heures.

H. **Tlemcen ; Aïn-Témouchent ; Er-Rahel ; Hammam bou-Hadjar (déjeûner) ; Tessala ; Sidi-bel-Abbès ; Lamoricière ; Tlemcen** (223 kil. environ).

De *Tlemcen* à *Aïn-Témouchent* (62 kil., hôtels) [voir excursion *B*.].

La route traverse ensuite le village de *Laferrière* (68 kil.) et le gros centre viticole de *Rio-Salado* (74 kil.). On franchit le *Rio-Salado* ou *Oued Mellah* (la rivière salée) pour arriver au village d'*Er Rahel*, non loin de la *Sebkha d'Oran*. On prend la route qui se dirige au sud. 93 k., *Hammam bou-Hadjar* hôtels), important village de 3000 habitants, célèbre par ses sources d'eaux minérales et thermales et par une source gazeuse ferrugineuse. Il y a un établissement thermal recommandé contre les rhumatismes.

La route se dirige vers le sud et traverse les montagnes du *Tessala* et le village de ce nom (121 kil.. Du sommet du *Djebel Tessala* (1 heure à pied du village [1061 m.] vaste panorama au nord sur la plaine de la *Sebkha*, le massif du *Murdjadjo* et celui de l'*Orouze*.

137 kil., *Sidi-bel-Abbès*, 27000 habitants, chef-lieu d'un arrondissement (hôtels, garages). Ville contemporaine avec de beaux boulevards plantés d'arbres, au centre de la région la plus laborieuse et la plus riche de toute l'Algérie.

143 kil. *Sidi-Lhassen*, 149 kil. *Palissy ou Sidi-Khaled*, 158 kil. *Lamtar*, 169 kil. *Tassin*, 179 kil. *Descartes* (aub.), sont des centres de colonisation de la grande plaine agricole de Bel-Abbès.

Le pays devient accidenté; des broussailles apparaissent. 184 kil. *Aïn-Tellout*, petit village avec des

1. Une Rue à Bou-Médine.
2. Le Minaret de la Mosquée d'Agadir.
3. Mausolée de Sidi-Louahb.
4. Mausolée de Sidi-Merzouq.
5. Le Minaret de Mansoura.

jardins arrosés par l'eau d'une belle source, retombant en une cascade de 40 mètres. Il y a encore des murs en pisé marquant l'emplacement d'une ancienne ville musulmane.

Le trajet devient de plus en plus pittoresque. 193 kil. *Lamoricière*, puis *Oued-Chouly*, *Aïn-Fezza* et *Tlemcen* 223 kil. [voir ci-dessus excursion *F.*].

I. **Tlemcen** ; **Sebdou** ; **Bedeau** ; **Daya ou Bossuet** ; **Magenta** ; **Slissen** ; **Chanzy** (déjeûner) ; **Tabia** ; **Boukanéfis** ; **Palissy** ; **Lamoricière** ; **Tlemcen** (320 kil. environ).

De *Tlemcen à Sebdou* (37 kil.) [voir ci-dessus excursion *C.*]. De Sebdou, on prendra la route qui se dirige vers l'ouest. Au delà de Sebdou s'étend la surface monotone et immense des steppes d'alfa sans eau. 86 kil. *El Aricha* [aub.], petit village en territoire militaire. 140 kil., *Bedeau* [aub.], gros village de 1300 habitants dont 900 européens en majorité Espagnols. 176 kil., *Daya ou Bossuet*, village à 1275 mètres, où se trouve un hôpital-sanatorium pour la Légion étrangère. On traverse un beau pays forestier et après avoir atteint le point culminant (1380) m. d'où l'on a *une belle vue* sur la plaine au nord, on arrive par une route en lacets accidentée et très pittoresque à *Magenta* (191 kil.).; 215 kil. *Slissen*.; 223 kil. *Chanzy* (hôtel), village agricole prospère de 1100 habitants. 231 kil. *Tabia*. On traverse une région agricole où les cultures organisées avec intelligence et méthode donnent de gros rendements. 235 kil. *Boukanéfis*.; 242 kil. *Palissy ou Sidi Khaled*. De là, on pourra coucher à *Bel-Abbès* (12 kil.). On reviendra à Tlemcen (75 kil. environ) par *Tassin*, *Descartes*, *Lamoricière* et *Aïn-Fezza* (voir ci-dessus, excursion *H.*).

Les parcours que nous venons d'indiquer peuvent s'effectuer actuellement en automobile par de bonnes routes, sauf les pistes entre Sebdou, Tlemcen et la Haute-Tafna qui demandent un temps sec; il en existe d'autres dans des régions fort pittoresques, mais incomplètement pourvues de routes carrossables et autocyclables. Des travaux sont entrepris pour l'aménagement des pistes et des routes qui doivent

Groupe de Cavaliers Indigènes pour la " Fantasia "

Cliché Jouve

permettre l'accès rapide de tous les points intéressants.

Voici, à titre d'indication, quelques itinéraires que les touristes pourront parcourir à cheval en attendant qu'ils puissent les effectuer en automobile :

1° **De Tlemcen à Sidi Hafif et Terni** 20 kil. environ aller-retour.

On traverse le faubourg d'*El-Kalaa* par la route de la *Forêt de Pins* au sud de Tlemcen; en suivant cette route on atteint le sommet des crêtes (1150 m.) dominant Tlemcen au nord et la plaine du *Mefrouch* au sud. La route suivie est une ancienne route de Tlemcen à Sebdou. Elle coupe ensuite à gué l'*Oued Mefrouche* coulant dans une plaine longue, étroite du nord au sud, et dénudée. On atteint le *mausolée deSidi Hafîf* (grands noyers) où est enterré le Santon, patron de la tribu des *Beni Ournid*, pasteurs et bûcherons habitant des tentes brunes; puis passant auprès de la maison du caïd on arrive au village de *Terni* (13 kil.).

Le retour s'effectue par une piste à l'ouest de la précédente et à l'est de la route de *Terni* à *Tlemcen*, par la bordure Est de la *forêt de Zarifet*, les bois d'olivier d'*Attar*, l'usine *électrique de Mansoura*.

La promenade peut aussi bien se faire en sens inverse;

2° **De Nemours à Beni-Saf** (70 kil.). Les amorces de route aux deux extrémités sont reliées par un sentier muletier; une forte journée sera nécessaire pour effectuer ce parcours tres pittoresque. En partant de *Nemours*, la route passe dans une région accidentée. 13 kil. *Oued Sidna-Youcha*, à l'embouchure duquel se trouve une *crique* admirablement située. Après avoir dépassé le village de *Ziyatine* on atteint, 25 kil., l'*Oued Saftar*, où cesse la route. On se procurera un mulet pour arriver à *Honeïn*, ancien port de Tlemcen au XIVe siècle, mouillage assez bien abrité où l'on embarque des minerais de fer amenés par câble aérien de *Ghar-el-Maden* (courtoise hospitalité auprès des ingénieurs). On retrouve la route vers le kilomètre 50, à *Sidî-Hossein*, et, après avoir passé la Tafna, on rejoint l'itinéraire de *Tlemcen* à *Beni-Saf* (voir ci-dessus excursion *B.*);

3° Au sud de *Marnia* et *d'Oudjda*, s'étend une region montagneuse bien boisée et pittoresque qui offre des excursions intéressantes. L'itinéraire suivant sera praticable lorsque les travaux entrepris par la commune militaire seront terminés :

Marnia; Sidi-Zaher; Vallée de Zouia; mine fortifiée de Ghar-Rouban; Ras Asfour (1560 m.); Teniet-Mechamich; bordj de Sidi Djilali. De là on pourra revenir par Sebdou ou par El Aricha-Sebdou.

Renseignements : *a*) La piste de *Marnia* au sommet du *Ras Asfour* est en bon état et peut être parcourue par une automobile légère;

b) Les pistes du *bordj Sidi-Djilali* à *El-Aricha* et à *Sebdou* sont praticables aux autos par temps sec. en partant de *Tlemcen* le circuit suivant peut donc être actuellement effectué : *Tlemcen; Sebdou; bordj Sidi-Djilali; El-Aricha; lemcen.*

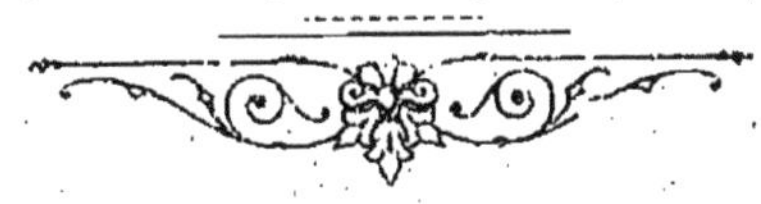

ADRESSES UTILES

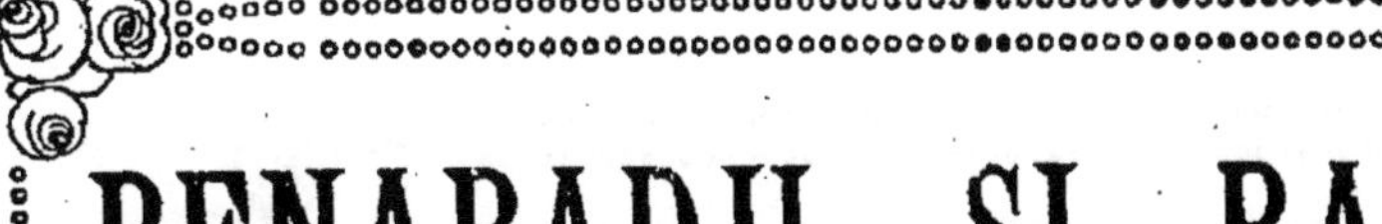

BENABADJI SI RAOUTI

Rue de Mascara - TLEMCEN

TISSSU INDIGÈNES EN TOUS GENRES

Passementeries, Soieries, Articles Marocains, Tunisiens, Algériens

---

A LA CIVETTE

Grande Manufacture de Tabacs, Cigares et Cigarettes

ANCIENNE MAISON GASPARD ALAMO

Bouhadjar Mohammed dit Larbi

SUCCESSEUR

GROS **Maison fondée en 1870** **DÉTAIL**

Rue d'Hennaya - TLEMCEN (Algérie)

Cigarettes "La Victoire" Havane supérieur

Adresse Télégraphique : BOUHADJAR-TABACS-TLEMCEN

A L'ECLAIRAGE MODERNE

Emile TOUATY, Constructeur

Rue du Théâtre, en face l'Hôtel des Voyageurs - TLEMCEN

EAU, ACÉTYLÈNE, HYDROTHÉRAPIE

Travaux pour bâtiments. - Fournitures générales et Installation moderne de salles de bains

Entreprise d'Eclairages féériques pour fêtes patronales et soirées

Location et Vente de Lampes Acétylène

Agent-Dépositaire : M. J. Salessy, Représentant
à TLEMCEN

Benaouda Ben Hadj Slimane

51, Rue de Mascara, TLEMCEN (Algérie)

BABOUCHES EN TOUS GENRES - COUVERTURES EN LAINE

Nattes et Flidjs - Tapis de selles - Ceintures de Tlemcen en laine

Huiles - Burnous en laine - Medals chapeaux arabes

Librairie-Papeterie Desbonnet

TLEMCEN - R. de France - TLEMCEN

FOURNITURES SCOLAIRES et de BUREAUX

ARTICLES pour PEINTRES et DESSINATEURS

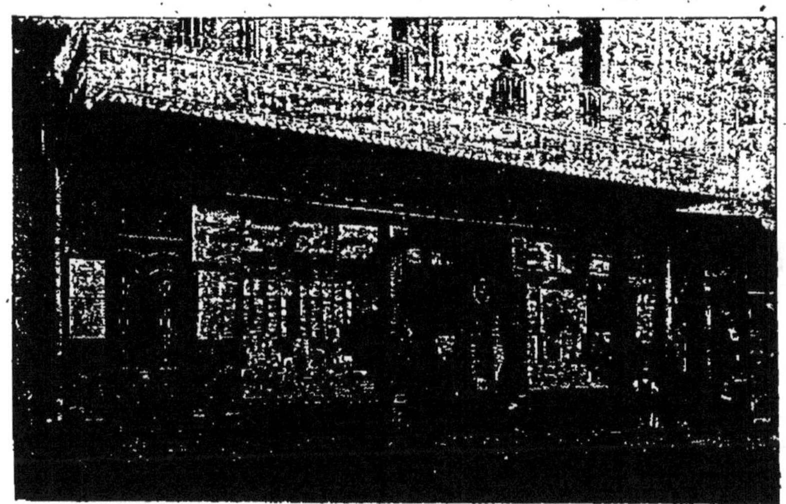

Fournitures générales pour la Photographie

Vues Photographiques et Panoramiques, Cartes postales

Articles de Voyages et d'Etrennes

Maroquinerie Française et Anglaise

Cartes, Ouvrages et Publications sur l'Algérie

TABLE DES MATIÈRES

Pages

Note sur le Syndicat d'Initiative........................ 3
Comment on vient à Tlemcen........................ 4
I. - Tlemcen. Aperçu géographique........................ 6
II. - Le climat........................ 7
III. - A quelle saison faut-il visiter Tlemcen........................ 8
IV. - Histoire........................ 8
V. - Les monuments........................ 14
VI. - La population indigène........................ 21
VII. - Renseignements utiles........................ 31
VIII. - Emploi du temps........................ 35
IX. - Visite de la ville :........................ 36
A. - La place d'Alger. - La Grande Mosquée. - Le Musée La rue des Orfèvres. - Le Quartier juif........................ 36
B. - Le Quartier des Haddar. - Rue de Mascara. - Rue Khaldoun. - Le Méchouar........................ 40
C. - Le Quartier des Koulouglis. - La nouvelle Médersa. 44
D. - Le Quartier européen........................ 45
X. - Promenade autour des remparts actuels........................ 46
XI. - Les environs de Tlemcen :........................ 50
A. - Mansoura........................ 50
B. - El-Eubbad (Bou-Médine)........................ 53
C. - La qoubba de Lalla-Setti........................ 57
XII. - Excursions dans la banlieue tlemcénienne........................ 58
A. - Les cascades d'El-Ourit........................ 58
B. - Les villages de colonisation (Bréa, Négrier, Safsaf). 59
C. - Les villages indigènes (Aïn-el-Hoût, Ouzidan).... 60
D. - Les grottes d'Aïn-Fezza........................ 62
XIII. - Excursions en automobiles dans la région de Tlemcem........................ 63
A. - Tlemcen, Marnia, Nédroma, Nemours, Hennaya, Tlemcen........................ 64

Pages

B. - Tlemcen, Beni-Saf, Aïn-Témouchent, Tlemcen... 68
C. - Tlemcen, Sebdou, haute vallée de la Tafna. Azaïl, Marnia, Tlemcen.......................... 70
D. - Tlemcen, Hafir, Azaïl, Sebdou, Talterni, Tlemcen. 74
E. - Tlemcen, Oudjda, Beni-Snassen.................. 75
F. - Tlemcen, Sebdou, Lamoricière, Oued-Chouly, Aïn-Fezza, Tlemcen.............................. 78
G. - Tlemcen, Lamoricière, Les Abdellys, Pont-de-l'Isser, Tlemcen................................ 79
H. - Tlemcen, Aïn-Témouchent, Hammam-bou-Hadjar Sidi-Bel-Abbès, Tlemcen...................... 80
I. - Tlemcen, Sebdou, Bedeau, Bossuet, Magenta, Tabia Lamoricière, Tlemcen..................... 81
Promenades à cheval :.............................. 82
1° de Tlemcen à Sidi-Hafif et Terni............... 82
2° de Nemours à Beni-Saf.......................... 83
3° au sud de Marnia et d'Oudjda................... 84

Imp.-Phot. A. THIRIAT & Cie, 8, rue des Régans — Toulouse

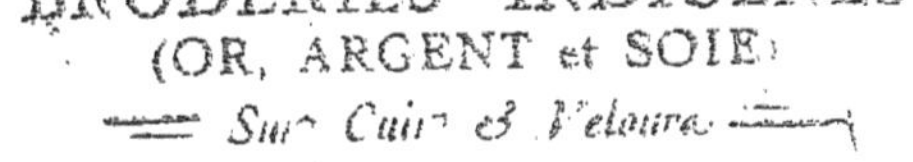

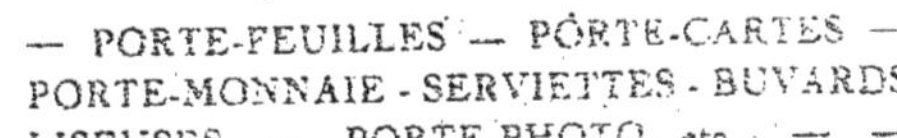

www.ingramcontent.com/pod-product-compliance
Ingram Content Group UK Ltd.
Pitfield, Milton Keynes, MK11 3LW, UK
UKHW021104260726
13994UKWI100002B/707

9 782329 177762